绩效管理
必备制度与表格范例

孙季勤 ◎ 编著

Performance Management

中国友谊出版公司

图书在版编目（CIP）数据

绩效管理必备制度与表格范例 / 孙季勤编著. -- 北京：中国友谊出版公司, 2018.8（2019.4 重印）
ISBN 978-7-5057-4416-5

Ⅰ.①绩… Ⅱ.①孙… Ⅲ.①企业绩效—企业管理 Ⅳ.①F272.5

中国版本图书馆 CIP 数据核字(2018)第 135926 号

书名	绩效管理必备制度与表格范例
作者	孙季勤
出版	中国友谊出版公司
发行	中国友谊出版公司
经销	新华书店
印刷	河北鹏润印刷有限公司
规格	710×1000 毫米　16 开 20 印张　300 千字
版次	2018 年 8 月第 1 版
印次	2019 年 4 月第 2 次印刷
书号	ISBN 978-7-5057-4416-5
定价	59.00 元
地址	北京市朝阳区西坝河南里 17 号楼
邮编	100028
电话	（010）64678009

前 言

绩效考核是针对个人和组织的工作过程及工作结果的检验核查，并在管理层人员的监督引导下，帮助组织和个人完成战略目标。而绩效管理是在确定企业战略目标的前提下，根据工作目标制定的一系列针对不同岗位的管理体系。对于普通员工来说，良好的考核结果，不仅能帮助自己提升薪酬水平，还能让自己获得工作满足感，提升工作能力；对于管理层人员而言，利用好考核结果，能及时掌握员工的工作状态，发现问题，引导员工提升工作效率及能力，把握好企业的发展方向，带领企业稳步前进。

不仅如此，绩效考核还涉及企业管理中的人员调配、资源合理配置、薪酬设计等方方面面。随着现代企业管理制度的更新、完善，人们逐渐认识到有效的绩效考核体系对企业发展的重要性。20世纪以来，国内外均从不同角度对绩效考核制度进行了种种研究，但无论是哪种研究，绩效考核都需要针对不同公司、不同岗位制定适合自己的考核制度，想要利用一本书将其讲全、讲透几乎是不可能的事情。

所以，《绩效管理必备制度与表格范例》一书不是泛泛地讲解绩效考核的整个体系，而是选取了绩效考核管理中最实用、最核心的部分，即以绩效考核管理中最常见的考核制度建立、考核体系设计、考核过程实施、考核结果分析与处理等方面为主线，以制度、表格为内容，在实用性上下功夫。书中所涉及的所有的制度、表格都是"稍微修改一下就能用",让读者在没有了解绩效管理的基础上,也能轻松设计绩效考核体系。

为了更加方便读者阅读、使用,《绩效管理必备制度与表格范例》一书在内容上更具特色:

1. 管理制度与表格更加标准。

《绩效管理必备制度与表格范例》中,对绩效考核管理中经常出现的制度、表格进行了标准化设计,更加规范、统一,同时将与每种制度紧密相关的表格放在相应的制度之后,增强了制度的针对性和可执行性,更加科学、标准,大大提升了实际执行的效果。

2. 内容设计一目了然。

《绩效管理必备制度与表格范例》专门针对几条主线的内容进行设计,以制度、图表与范文的方式交互呈现,简洁明了。

总而言之,《绩效管理必备制度与表格范例》力求将绩效考核管理的实用性、全面性和新颖融为一体,做到更好、更方便,希望能够成为绩效考核管理不可缺少的一本工具书,为读者提供全方位的绩效考核管理工作指导与参考依据。

编 者

目 录

第1章 绩效管理体系

1.1 绩效管理的含义 / 3

1.2 绩效管理的主要目标 / 8

1.3 绩效管理体系 / 14

1.4 绩效管理体系的计划与实施 / 22

1.5 绩效管理工作章程 / 27

第2章 绩效考核体系

2.1 绩效考核目标的设定 / 39

2.2 绩效考核体系构成 / 47

2.3 绩效考核体系设计 / 49

2.4 绩效考核实用制度 / 51

2.5 绩效考核方法 / 59

2.6 月度绩效考核表 / 68

2.7 年度绩效考核表 / 71

2.8 绩效考核管理制度 / 73

第3章 绩效考核流程和反馈

3.1 绩效考核的实施 / 83

3.2 绩效考核反馈 / 91

3.3 绩效考核考评体系 / 113

3.4 绩效申诉 / 116

3.5 绩效改进制度 / 124

第4章 基于绩效考核的薪酬设计

4.1 薪酬管理制度 / 131

4.2 绩效考核与薪酬管理制度 / 150

4.3 薪酬激励管理制度 / 162

4.4 薪酬体系设计 / 183

4.5 公司福利制度 / 190

4.6 公司津贴制度 / 194

4.7 薪资调整总表 / 199

4.8 薪资发放表 / 200

4.9 新员工薪资核准表 / 201

第5章 公司员工绩效考核设计

5.1 管理层人员的绩效考核 / 205

5.2 普通员工的绩效考核 / 225

5.3 技术开发人员的绩效考核 / 237

5.4 广告公关人员的绩效考核 / 241

5.5 销售促销人员的绩效考核 / 246

5.6 人力资源部门的绩效考核 / 256

5.7 财务人员的绩效考核 / 260

5.8 客服人员的绩效考核 / 268

第6章 不同公司的绩效考核设计

6.1 销售类企业的绩效考核设计 / 275

6.2 房地产类企业的绩效考核设计 / 280

6.3 物业类企业的绩效考核设计 / 291

6.4 互联网类企业的绩效考核设计 / 303

第 1 章

绩效管理体系

1.1 绩效管理的含义

1.1.1 什么是绩效

所谓"一日三省吾身",企业或个人若想不断提升自身的价值与能力,就要适时地检验自己的工作过程和工作结果。根据工作过程,可以查看员工或自身是否做到高效率、高效能;根据工作结果,可以查看整个组织或个人是否完成任务或达到工作目标,并根据这些考核结果来进一步改正或完善员工的工作方式和企业的未来发展方向。

完善企业的绩效管理体系,无论对于企业自身还是普通员工来说都是百利而无一害。就企业来说,根据绩效考核结果,可以确认组织是否能够完成现有目标,是否要继续维持现有目标或是调整当前战略等,对企业的发展有着至关重要的作用;高层管理者可以根据员工的绩效考核结果,安排员工适合的岗位或调整人员配置,使企业人力资源物尽其用;而就员工自身而言,优秀的绩效考核成绩直接关系到岗位的调整及薪酬的提升,出色的绩效考核成绩是升职的基础,是提升薪酬的砝码,也是自身工作能力的外在表现。

越来越多的现代化企业都是采用绩效考核的手段来对员工进行考核，可以说，公平、公正、顺畅的绩效管理体系是整个企业稳定发展的重要因素。而完善绩效考核体系的第一步，就是要明确什么是绩效。

绩效一词来源于管理学，不同岗位的职场人对绩效有着不同的理解。有些职场人认为绩效是指完成工作的效率和效能，也有人认为绩效是经过评估的工作行为和工作成果，还有人认为绩效是组织期望工作业绩达成的结果。根据《韦氏词典》，绩效指的是完成、执行的行为，是为了完成某种任务或者达到某个目标的执行行为。绩效通常是有功能性的或者有效能的。

关于绩效的含义，有三种概括方法，即产出说、行为说、综合说。

理论来源	具体含义
产出说	绩效指员工工作过程的产出结果，是员工工作结果的考核。
行为说	绩效指员工在工作过程中表现出的一系列行为特征，如工作能力、工作态度、工作结果等。
综合说	绩效不仅是员工工作过程的产出结果，还包括员工工作过程中的行为特征。

综上所述，可以将绩效定义为：绩效是整个组织或某个群体或组织中的个人在特定的时间内，可以描述的工作行为、工作过程和可衡量评定的工作结果，以及组织结合个人或群体在过去工作中的素质和能力，并根据这个结果指导其改进，从而预计该个人或群体在未来特定时间内所能取得的工作结果的总和。

由此可见，绩效可以分为组织绩效和个人绩效两个方面。

组织绩效是指一个企业的整体绩效，继续细分还有各部门的部门绩效。

比如说，在一个企业中，有生产部门的生产绩效、技术部门的技术绩效、财务部门的财政绩效、营销部门的销售绩效等等。

组织绩效的实现，需要在个人绩效完成的基础上进行。个人绩效代表着员工的工作进度和完成情况。个人绩效是管理层人员结合组织的整体绩效进行分配的，只有当组织绩效合理地分配给每一个员工，且每个员工都完成了个人绩效目标时，组织的绩效才能实现。个人绩效也是考察员工工作能力和工作效率的依据，是员工岗位变动和薪资增减的事实依据。

1.1.2 什么是绩效管理

通过现代企业的发展，我们可以了解到绩效是针对人和组织的工作过程及工作结果的考核，通过绩效帮助组织和个人确立并完成工作目标。那么，如何有效利用绩效考核员工工作能力、提升员工工作效率、提升企业整体竞争能力呢？首先就要做好绩效管理。

绩效管理这一概念在 1976 年被研究者首次提出。他们将绩效管理定义为"管理、度量、改进绩效并增强发展组织潜力的行为"。然而随着时代的发展，结合现代企业发展的实际情况，仅仅改进绩效、发展组织潜力已经不能满足绩效管理的需要，人们对于绩效管理有了新的理解：

理论出发角度	具体含义
从工作行为、工作结果出发	绩效管理是对员工的工作行为与工作结果进行管理的一个系统，是一系列为充分发挥每个员工的潜力、提高其绩效的管体体系。这个体系是通过将员工的个人目标与企业战略相结合来提高企业绩效的一个过程。
从工作过程出发	绩效管理是对绩效实现过程中各种要素的管理，是从企业战略目标出发的一种管理活动。绩效管理是通过对企业战略目标的建立、目标的分解、业绩的评价等一系列行为，将绩效结果运用于企业日常管理活动中，以激励员工持续改进业绩，从而最终实现企业战略及目标的一种管理方法。绩效管理的目的在于提高员工的能力和素质，从而改进并提高企业的绩效水平。
从企业战略目标的角度出发	绩效管理，是指各级管理者和员工为了达到企业目标，共同参与的绩效计划制订、绩效辅导沟通、绩效考核评价、绩效结果应用、绩效目标提升的持续循环过程。

结合三个定义总结来说，绩效管理是基于企业的战略目标，将战略目标分解成各部门的小目标，通过确认小目标完成度来评定员工工作成果的一种管理体系。绩效管理是管理者与员工在确定目标与如何实现目标上所达成共识的过程。高层领导者会根据员工的绩效考核结果来引导员工改进业务水平，最终实现企业的战略目标；而企业员工在提升自身绩效水平时，也会间接促进企业绩效的完成。

现代管理学之父彼得·德鲁克（Peter F. Drucker）在谈到绩效管理的

问题时也提出：一个企业的成功，并不在于它有多少人才，而是在于如何发挥员工的优势，让员工提升业绩，取得更好的绩效。绩效管理的目的不仅仅在于提升企业竞争能力，发挥员工潜力也是绩效管理不可改变的主要目标之一。

绩效管理是企业管理体系中重要的一环，绩效管理所涵盖的内容很多，它所要解决的问题主要包括：如何确定有效的目标？如何使目标在管理者与员工之间达成共识？如何引导员工朝着正确的目标发展？如何对实现目标的过程进行监控？如何对实现的业绩进行评价和对目标业绩进行改进？绩效管理中的绩效和很多人通常理解的"绩效"不太一样。在绩效管理中，我们认为绩效首先是一种结果，即做了什么；其次是过程，即是用什么样的行为做的；最后是绩效本身。因此绩效考核只是绩效管理的一个环节。

1.2 绩效管理的主要目标

绩效管理的最终目标是为了让企业更快速、更有质量地完成战略目标，不断发展，占领更大的市场份额。而企业保质保量地完成工作目标，需要每位员工在岗位上恪尽职守，在规定时间内完成工作任务。在绩效管理上，则体现为绩效的提升。对于一个企业来说，员工绩效的提升意味着企业整体效率和效能的提升，战略目标会更容易达成。由此可见，企业达成战略目标的首要前提是员工绩效的提升。为了完成企业整体战略目标，需要将大目标分解成小目标，再由各部门各员工的相互协作来完成。因此，绩效管理的主要目标也可分解成小目标，以便管理体系更明确。

现代企业的成功运营，首先要制定适合企业自身发展的战略目标。正确的战略目标，是企业发展的前进方向，也是企业制定一系列管理体系的最终目的。绩效管理作为企业管理体系中重要的一环，到底在企业发展中占据什么样的位置呢？

绩效管理的主要目标	目标任务
通过绩效管理提升员工工作能力	绩效管理体系作为一种监督机制，首要目标就是使高层管理人员及时了解到员工的工作效率和工作成果，并依据此考核结果，或是引导员工提升工作能力，或发现员工工作上的问题，或是进行工作调整，或是给予员工奖励。员工的绩效考核结果，是管理层人员安排人事岗位的一个重要的依据。员工是否适合该岗位，需要结合具体的数据进行考核，使企业"物尽其用"，最大化完成资源配置。而绩效考核结果，也是管理层人员及时掌控员工工作能力的一大利器。根据绩效考核结果，管理层人员可以及时帮助员工解决工作上的阻碍或问题，指导他们如何更快速地完成工作，进而帮助员工提升工作效率和工作能力。 　　从员工自身来说，有效的绩效管理体系也是反省自身工作能力的工具。根据考核结果，员工可以及时了解到自己完成目标工作的参与度、完成度，从而提高事业成就感，并自觉提升自己的工作能力，这也间接减少了高层管理人员的监督成本。在没有完成工作目标的情况下，绩效管理体系可以帮助员工审视自身，明确是工作方式出现问题导致效率低下还是工作态度有问题导致效率低下。 　　有效的绩效管理体系，能使上下级员工将工作精力聚焦在企业的战略目标上，从根本上提高工作效率，加快企业发展步伐。

续表

通过绩效管理 提升企业管理能力	企业制定众多管理体系的最终目标与绩效管理的最终目标都是一致的——为了完成企业的战略目标,提升企业竞争力。有效的绩效管理能够帮助企业合理地配置人力资源,为员工的职位调整提供依据,是员工薪酬变动的基础。在有效的绩效管理的基础上,员工在职位变动时,能够快速进入角色,及时调整工作状态,从而更好地为企业战略目标服务。
通过绩效管理 提升企业市场竞争力	企业战略目标的实现,不是靠一两个部门的努力,而是要依靠企业全体员工共同配合才能实现。利用绩效管理体系,管理层人员可以将工作任务落实到具体的部门和岗位;利用考核结果,发现并解决问题,提高员工的工作效率和工作能力,及时调整战略失误,并从根本上提升企业整体的竞争能力。

绩效管理是现代企业管理中不可或缺的一部分。成熟有效的绩效管理体系,会对普通员工、管理层人员、企业整体利益有明显的良性影响,是企业发展过程中解决问题的重要工具。而绩效管理作为企业管理的一项工具,其实施是一个过程,最终目的就是要持续性地提升个人、部门、整个企业的绩效,从而完成企业最终战略目标。

1.2.1 绩效管理的目的

绩效管理的目的	具体分析
改善员工的工作表现，使之与企业的经营目标相适应。	通过绩效管理，帮助员工认识到自己工作上的不足，改善自己的工作效率，使自己的工作成果达到绩效目标。
提高员工的满意度和事业成就感。	有效的绩效管理将明确员工的工作目标与工作过程。达到目标绩效，不仅能让员工获得应有的绩效奖励，还能提高员工的满足感和事业成就感。
为员工的晋升、降职、调职和离职提供依据。	绩效管理，从一定程度上来说是员工绩效考核的监督机制。是否能完成目标绩效，为员工晋升、降职、调职、离职提供事实依据。
为员工和各部门对企业的贡献值计算提供客观依据。	通过绩效管理，将企业的整体战略目标分解成绩效目标，分配到各部门、各岗位。目标绩效完成度为各部门、各员工对企业的贡献值提供客观依据。
为员工的薪资调整提供依据。	绩效完成度高或者个人绩效提升度高的员工，可获得绩效奖励。同时，良好的绩效完成度也是升职提薪的基础。

续表

对员工职业生涯的规划效果进行评估。	员工是否能在规定期限内完成绩效目标，可以很明确地说明该员工是否适合这项工作。长期无法完成绩效目标的员工，必然不适合该岗位。绩效管理的建立，能够帮助员工对职业生涯进行规划。
为企业人力资源的合理分配提供依据。	员工的个人能力不同，适合的岗位也不同。绩效管理体系的建立，能够帮助企业的人力资源进行合理分配，帮助员工找到最合适的岗位，做到人尽其责。

1.2.2 影响绩效管理的因素

绩效结果的好坏，不仅取决于绩效目标的制定、被考核者的工作完成度，还受到员工技能水平、企业外部环境、内部条件及激励效应影响。

影响绩效的因素	说明
员工技能水平	员工技能水平是指员工所具备的核心能力，是员工发展的内在因素。员工的各项技能经过培训和开发是可以提高的。
外部环境	外部环境是指组织和员工个人面临的不为组织所左右的因素，是客观因素，并不受人为因素所控制。
内部条件	内部条件是指组织和员工个人开展工作所需的各种资源，也是客观因素，但在一定程度上组织和员工个人能改变内部条件的制约。

续表

激励效应	激励效应是指组织和员工个人为达成目标而在工作中展现的主动性、积极性。激励效应是主观因素，也是最具有主动性、能动性的因素。 　　只有人的主动性、积极性提高了，组织和员工个人才会尽力争取内部资源的支持，同时组织和员工的工作技能水平将会逐渐得到提高。 　　因此绩效管理就是通过适当的激励机制激发人的主动性、积极性，激发组织和员工争取内部条件的改善，提升技能水平，进而提升个人和组织绩效。

1.3 绩效管理体系

1.3.1 什么是绩效管理体系

绩效管理的成功运行，需要依据一套完善的绩效管理体系。通过实施绩效管理体系，高层管理者能发现企业运营中出现的问题，并及时加以改进，才能确保企业在发展过程中保持正确的前进方向，提高核心竞争力。

绩效管理体系（PMS，Performance Management System）是一套经过设计整合的企业管理流程和系统。它以实现企业的最终战略目标为设立标准，以关键绩效指标和工作目标设定为载体，通过绩效管理的三个环节来实现对整个企业各层各岗位人员工作绩效的客观衡量、及时监督、有效指导、科学奖惩。绩效管理体系专注于建立、搜集、处理、监控组织和个人的绩效数据。

绩效管理体系的建立，首先需要确定组织目标即组织绩效，组织绩效的确定需要由员工个人、部门管理者及管理层人员共同参与制定。绩效管理需要管理者与员工个人结合员工的岗位职责及工作目标，共同参与沟通、制定绩效考核目标，就如何达到工作目标进行协调并达成共识。

绩效管理体系的建立，既能促使企业增强决策能力，又能搜集一系列绩效数据，从而调动全员积极性并发挥各岗位优势以提高企业绩效，帮助企业实现整体战略目标和经营计划。高效的绩效管理体系是企业实现经营战略目标的重要工具。

整体的组织战略目标的确定是分配部门绩效的基础，部门绩效标准的确定则会根据外部环境、内部环境结合具体的员工技能，确定个人绩效。个人绩效的结果关系到奖励机制及职位的变动，奖励机制可以促进个人绩效的提升，使员工拥有工作满足感，从而确定更大的职业目标。

有效的绩效管理，必须要制定出长期有效合格的绩效管理体系。

1.3.2 绩效管理体系的设计原则

绩效管理体系的设计应坚持以人为本、客观公正、有效沟通的原则。

绩效管理体系的设计原则	具体分析
考核公开原则	绩效管理体系中设定的所有工作指标及工作流程均需要以制度的形式体现，并张贴公告。 在企业内部，需要明确正式的考核组织、考核规定、考核时间、考核方法、考核标准，使考核者与被考核者按照规定的章程、程序进行考核，并确保绩效考核过程及反馈的公平性。

续表

考核差异化原则	考核者在对不同部门、岗位进行绩效考核时，要根据不同部门、岗位的工作内容制定合适的衡量标准。 　　考核标准必须依据岗位职责和工作目标来确定，不同的部门、岗位无法统一标准。
全员参与原则	绩效管理体系想要科学、有效地推进并实施，考核标准就必须依靠高层管理者和员工共同参与制定。在绩效实施过程中，员工是主体，只有经过员工认同的绩效考核标准，才是能够完成的考核目标。 　　不仅如此，在绩效考核中，员工与管理人员的共同参与将提高绩效考核的公正性，绩效考核结果的运用和绩效的改善都离不开全体员工的共同参与。因此，绩效管理体系的建立必须要奉行全员参与原则。

续表

常规性工作原则	各级管理者在完成各自岗位任务的同时，应将绩效管理作为自己的日常工作职责。对下属做出正确的评估，在发现下属的工作过程或工作效率发生问题时及时加以引导，确保每位员工在考核期内保质保量地完成绩效任务。 绩效管理必须成为企业每一位管理者的常规性管理工作，只有在保证每位员工工作绩效目标完成的情况下，组织的整体绩效目标才能得以实现。
持续性沟通原则	持续性沟通是现代企业绩效管理体系区别于传统绩效考核体系的重要标志，也是绩效管理得以实施的前提。从绩效目标的制定、绩效计划的设计、绩效实施过程中的绩效目标调整、绩效改进计划的制订，以及绩效考核的反馈、员工培训制度的制定，都需要管理者和员工通过反复的沟通来完成。持续性沟通原则是绩效管理体系得以顺利进行的基础。

1.3.3 绩效管理体系的作用

高效的绩效管理体系能够帮助员工提升工作效率，从而实现企业最终战略目标，使企业实现整体竞争力的提升，占领更多的市场份额。

绩效管理体系的作用	具体分析
绩效管理体系的建立能把企业的经营目标转化为详细的、可考量的标准。	经过市场调查后确定的企业经营战略目标，需要有详尽的目标值，并将这个目标确定化，在日常工作中可随时测量考核。
绩效管理体系的建立能将企业宏观的经营战略目标细化到员工的具体工作职责。	经过有效绩效管理体系的建立，可以将企业的经营战略目标细化到具体部门的具体岗位，分工到位，使每个员工明确自身的工作职能，从而从自身岗位职责出发，提高个人绩效。
绩效管理体系的建立，可以明确绩效考核标准，使企业高层管理者根据确定的指标考核跨部门、跨时段的绩效变化。	绩效管理体系的建立使企业将经营目标细化为小目标，由各部门分工合作，以求完成指标。绩效指标是可量化的数据，考核者可以利用这些可量化数据来分析跨部门、跨时段的绩效变化。

续表

绩效管理体系的建立，可以使高层管理人员及时发现企业员工的问题。	在绩效考核实施过程中，考核者可以及时发现被考核者在工作过程中出现的问题，分析被考核者出现问题的原因，引导并帮助被考核者改进工作方式，提升工作效率，完成绩效目标。
绩效考核体系的建立，可以使管理层人员了解企业的竞争优势和不足之处。	在绩效考核过程中，不仅是被考核者的问题，企业管理本身的问题，也能及时被发现，并加以改进，使企业朝着既定的目标发展。 在绩效考核过程中，对于企业的竞争优势，管理层人员也会有明确的认知，并在今后的发展中加以保持，维持企业的利益增长；对于企业发展的不足之处，也会及时弥补，调整决策，明确正确的前进方向。
绩效管理体系的建立，能为企业的经营决策和经营执行提供有效的信息支持。	在绩效管理体系建立之前，为设定一个适合企业发展的战略目标，首先需要管理层调研市场，了解行业现状，从实际出发选择合适的绩效标准。 在经营的过程，从实际出发的管理体系能为经营及经营决策提供最有效的数据支持，从而从实际市场情况出发，促使管理层做出最有利的判断。

续表

绩效管理体系的建立，能有效鼓励团队合作精神。	绩效考核目标的确定，需要企业上下级员工共同沟通讨论，结合所有相关人的意见。 　　在绩效考核实施和反馈的过程中，需要被考核者和考核者共同参与完成。这就在无形中鼓励了团队合作，加强了团队合作精神。
绩效管理体系的建立，是制定和执行员工激励机制的有效工具。	绩效考核的结果，是衡量员工工作完成度和工作效率的重要依据。上级管理者需要根据考核结果来确定是否给予员工奖励或惩罚。绩效奖励机制是绩效管理体系的重要组成部分，也是企业员工提高个人绩效的内在动力。

1.4 绩效管理体系的计划与实施

1.4.1 绩效管理体系的环节

绩效管理体系可分为三个环节：

三个环节	具体行为
第一环节：准备阶段	（1）首先需要明确被考核者为各岗位员工，考核者为企业负责人、各部门管理层人员。 （2）将目标绩效作为标准，用品质性绩效标准（沟通能力、领导技巧、职业忠诚度等方面）、行为性绩效标准（工作方式、工作行为、工作效率等方面）、结果绩效标准（工作目标、工作计划、工作完成度等方面）和日常工作职责（工作范围、日常工作完成度等方面）四个绩效考核标准确定每个岗位、每位员工的绩效考核范围，在此基础上确定每个岗位的绩效目标、考核指标和标准。 （3）制定出的绩效管理体系需要张贴公布，使企业内所有的被考核者清楚考核的目的、方法、流程、反馈机制；考核者清楚自己的权利职责、应尽的考核义务，为考核的顺利进行打下基础。

续表

第二环节： 实施阶段	（1）搜集企业信息，了解各岗位人员的实际情况及其工作职能。 （2）确保各岗位被考核者和考核者明确绩效考核的真正目的。 （3）根据绩效管理体系，按照计划推进绩效考核。 （4）人力资源部门需要对考核过程进行监督。 （5）考核者需指导被考核者认真完成绩效考核的各项指标；在考核完成后，根据被考核者的绩效考核结果进行面谈，并帮助被考核者处理工作上的问题，在如何提高绩效水平上达成共识。
第三环节： 考核与反馈 阶段	（1）在绩效考核实施的过程中，需要注意考核的公正性和客观性。 （2）建立绩效考核监督小组，监督各部门绩效考核的实施过程，确保绩效考核方案的顺利推行。 （3）建立考核申诉委员会，受理并处理被考核者的申诉。 （4）收集并整理考核结果，举办考核总结会，总结经验教训，维持员工绩效的持续性改进，以最终提高企业和员工个人的绩效水平。

1.4.2 绩效管理体系的实施

管理层人员在确定好各岗位的绩效考核标准后，可以进行具体的绩效考核实施细节。

实施步骤	实施细节
发布考核方案	首先由人力资源部门发布考核细则，确保每位员工明确自身岗位的绩效考核标准、绩效考核评定时间及具体要求。在有条件的情况下，还可以定期组织培训和指导，为员工们解释考核的内容和项目，统一考核标准，规范考核行为纪律。
实时记录考核数据	各部门负责人需尽职尽责，按照制定好的考核标准，对自己和下属的工作过程、工作完成度、工作态度进行考核，并及时记录，方便评定。发现问题时，迅速纠正。最后将总结好的考核结果及时交给人力资源部门。
监督并解决考核问题	人力资源部门在绩效考核的进行中，需要及时监督、考察绩效考核落实情况，并及时为有疑问的员工进行指导。
公布考核结果	人力资源部门统计好考核数据后，需将考核结果公布。

续表

进行绩效反馈	在绩效考核结果公布后即要进行绩效考核反馈。考核的项目、目标在前期已经达成一致，在反馈阶段所要做的就是被考核者针对自己在考核期内的表现做出初步评估，考核者就被考核者的陈述提出问题，并分析指出被考核者工作上的不足，从而为其建议或规划下一步的工作方向。
进行奖惩制度	对于考核结果优异者，考核者可以视其工作效率的高低，给予适当的提薪或奖励；针对考核结果未达到要求者，考核者有权做出批评，追溯原因或做出扣除相应奖金、降职等处理。

1.4.3 计划绩效管理体系

绩效管理体系作为企业管理体系中重要的一部分，是管理者与员工双方不断地进行业务改进的过程。进行绩效管理首先要解决几个问题：

需要解决的问题	如何解决
就目标的确立及如何达到目标需要达成共识。	企业战略目标确定后，需由管理层人员与各部门管理者、各岗位员工，共同讨论商定部门战略目标，就战略目标的确定及战略目标的完成办法达成共识。

续表

绩效管理不是简单的任务管理，特别强调沟通、引导员工能力的提高。	绩效管理体系不仅仅是企业管理体系的一部分，更是企业监督机制中重要的一环。绩效管理体系的确定更重要的是在工作过程中由管理层人员及时发现员工的问题并加以沟通引导，帮助员工提升工作能力。
绩效管理不仅强调结果导向，而且要重视达成目标的过程。	绩效管理的最终目标是为了完成企业战略目标，强调绩效目标实现的重要性。在这一目标确定的基础上，更要对完成目标的过程加以重视，提升个人绩效水平，保证整体战略目标的实现。

绩效考核目标的设定，需要由企业的经营者、管理层及各岗位员工结合企业的组织战略目标，共同沟通讨论制定。在从企业战略目标出发的基础上，需要结合实际，综合企业的外部市场环境和内部经营状况两大因素来考虑。

外部市场环境	内部经营状况
同行业实际工作情况调查、预估	各岗位实际工作情况
同行业最高业绩指标（预估）	企业内最高业绩指标
同行业最低业绩指标（预估）	企业内最低业绩指标

1.5 绩效管理工作章程

制度名称	绩效管理工作章程	受控状态	
		编　　号	
执行部门		监督部门		编修部门	

第一部分　总则

第一条　目的

1. 改善员工的工作表现，使之与企业的经营目标相适应。

2. 提高员工的满意度和事业成就感。

3. 为员工的晋升、降职、调职和离职提供依据。

4. 为员工和各部门对企业的贡献值计算提供客观依据。

5. 为员工的薪资调整提供依据。

6. 对员工职业生涯的规划效果进行评估。

7. 为企业人力资源的合理分配提供依据。

第二条　原则

1. 以人为本的原则。即让员工充分参与绩效考核的全过程，在完成企业经营目标的基础上，重视员工的职业发展，关注员工个人价值的实现。

27

续表

2.客观公正的原则。即员工的绩效评估结果应与员工的实际工作表现基本相符，绩效考核结果应客观地反映员工工作绩效的优劣，杜绝考核者偏袒或排挤员工事件的发生。

3.有效沟通的原则。即员工应清楚了解本人的绩效评估结果（包括工作中的优点、缺点和有效、无效的工作行为等），遇到关于绩效考核方面的问题应及时与考核者反馈。考核者应向被考核员工客观地公布其工作行为、工作绩效以及对日后工作的期望，并及时了解、反馈绩效考核中现存的问题。

第三条 适用范围

本制度适用于企业全体员工。

第四条 绩效考核周期

绩效考核采用月度考核、季度考核、半年期考核、年度考核的周期模式运行。

绩效考核周期表

考核分类	考核时间
月度考核	次月1日~10日
季度考核	下一季度第一个月的1日~15日
半年期考核	7月1日~7月15日
年度考核	次年1月1日~25日

第二部分 职责划分

第一条 总经理职责

总经理负责中、高层管理人员的考核工作，同时指导、监督企业整体绩效管理工作的开展。

第二条 人力资源部职责

1.制定并不断完善企业的绩效考核管理制度。

2.建立企业各部门、各岗位的绩效考核指标及考核标准体系。

续表

3. 负责对各部门进行岗位考核培训和辅导。

4. 定期组织实施、推进企业的绩效考核工作。

5. 监控、稽查各部门绩效考核的过程与结果。

6. 接受、协调处理员工的考核申诉。

7. 负责绩效考核结果的应用管理。

第三条　各部门负责人职责

1. 确定本部门员工的考核指标、标准及权重。

2. 协助被考核者制定个人绩效目标。

3. 在考核实施过程中,与被考核者进行持续性沟通,并给予必要的资源帮助。

4. 记录、搜集被考核者的绩效信息,为绩效评价提供事实依据。

5. 考核及评价被考核者的工作绩效。

6. 与被考核者进行有效沟通,提出绩效改进建议,共同制订绩效改进计划。

第四条　员工职责

员工按照绩效考核要求,在规定时间内进行自我评估并填写考核表。

第三部分　绩效考核的内容

第一条　绩效考核主要内容

绩效考核内容分为日常工作、工作行为、工作能力和工作态度四项,其中日常工作和工作行为项目作为月度考核项目;日常工作项目以目标管理的方式开展;工作行为依据企业员工行为准则和企业奖惩规定进行考核,采用百分制计核;工作能力和工作态度项目作为半年期考核项目,以笔试、结构化面试、情景模拟等测评方式开展,采用百分制、评语法等方法进行综合考核。

第二条　经理及以上人员的考核内容

企业经理及以上人员的绩效考核指标体系包括以下四个方面,针对不同的考核岗位,可以选取不同的指标组合和权重。

续表

1. 财务指标，考核期内企业的收入和利润目标完成情况。

2. 客户指标，客户、经销商满意度及市场维护相关指标的完成情况。

3. 内部过程指标，部门或岗位的考核期内重点工作的完成情况。

4. 学习成长指标，部门或岗位业务能力和创新能力的提升情况。

第三条 经理级别以下员工的考核内容

经理级别以下员工的绩效考核指标体系包括以下三个方面：

1. 工作业绩，从工作效率、工作任务、工作效益等方面衡量本职工作的完成情况。

2. 工作能力，从知识结构、专业技能、一般能力等方面衡量员工胜任本工作应具备的各种能力。

3. 工作态度，从工作的认真程度、努力程度、责任心、主动性等方面衡量员工对工作所持有的态度与行为倾向。

第四条 附加分值

附加分值主要针对员工日常工作表现的奖惩记录而设置。

第四部分 绩效考核的方法和规定

第一条 月度考核的方法和规定

1. 采用计分法和评语法相结合的考核方法进行绩效考核。

2. 计分法即以100分为上限计算，直接与相应岗位的绩效薪资和奖金挂钩。

3. 评语法即考核者根据考核周期（月度、季度、半年期、年度）内被考核员工的工作业绩、工作表现、优缺点和需努力的方向等项，通过撰写一段评语对被考核员工进行评价的方法。其对员工的绩效改进和年终的绩效评估起到指导、参考和决选作用。

4. 考核者应根据各岗位员工月度的实际工作表现，依照相应的考核标准做出增、减分处理。

续表

第二条 半年期考核的方法和规定

1. 本周期考核旨在发挥绩效考核的承上启下作用，做好上半年度绩效总结，合理、有效地为下半年各项工作的顺利开展奠定基础。

2. 采用笔试、面试、情景模拟等方式进行考核，以综合方法评定岗位胜任值。

3. 半年期岗位胜任值的计算。

（1）员工的岗位胜任值 =（半年月度考核总分 ÷6）×40% + 绩效管理委员会综合评分 ×15% + 员工之间互评分 ×5% + 技能和态度综合评定分 ×40%

（2）中层管理人员的岗位胜任值 =（半年月度考核总分 ÷6）×40% + 绩效考核领导机构综合评分 ×15% + 各级员工的综合评分 ×10% + 技能和态度综合评定分 ×25% + 部门预算的控制情况 ×10%

4. 凡岗位胜任值大于95分的，视为工作优秀，评为A级员工或A级中层管理人员；

凡岗位胜任值小于90分大于85分的，视为工作合格，评为B级员工或B级中层管理人员；

凡岗位胜任值小于85分的，视为工作不合格，评为C级员工或C级中层管理人员。

5. 在半年期考核中，对员工和中层管理人员分别做出如下奖惩措施：

（1）凡被评为B级员工或B级中层管理人员的，其所属主管应对其进行工作指导，查找不足，以进一步提高其工作能力。

（2）凡被评为C级员工或C级中层管理人员的，予以警告，并做出降50%绩效薪资的处罚。其所属主管领导除对其进行必要的工作指导外，还应对其工作表现进行分析，帮助当事人做出工作改进方案。

6. 半年奖奖金的计算。

（1）A级员工或A级中层管理人员的奖金计算：半年奖奖金 = 奖金标准 × 岗位胜任值% ×130% −（奖金标准 ÷ 上半年制度工作日）× 半年缺勤工日

续表

（2）B级员工或B级中层管理人员的奖金计算：半年奖奖金＝奖金标准×岗位胜任值％－（奖金标准÷上半年制度工作日）×半年缺勤工日

（3）C级员工或C级中层管理人员的奖金计算：半年奖奖金＝奖金标准×（30％~50％）－（奖金标准÷上半年制度工作日）×半年缺勤工日

第三条　年终考核的方法和规定

1.本周期考核旨在对全年各部门、各岗位的工作绩效进行总结分析，合理、有效地为新年度经营目标达成，以及部门工作和各岗位工作的相关事项进行合理规划与调整，为新年度的工作奠定基础。

2.采用笔试、面试、情景模拟等方式进行考核，以综合方法评定岗位胜任值。

3.年终期岗位胜任值的计算。

（1）员工的岗位胜任值＝（年终月度考核总分÷12）×40％＋绩效管理委员会综合评分×15％＋员工之间互评分×5％＋技能和态度综合评定分×40％

（2）中层管理人员的岗位胜任值＝（年终月度考核总分÷12）×40％＋绩效考核领导机构综合评分×15％＋各级员工的综合评分×10％＋技能和态度综合评定分×25％＋部门预算的控制情况×10％

第四条　绩效考核的标准

1.一般员工的绩效考核标准：各部主管领导根据所管辖岗位或职务的工作职责书，在人力资源部的配合下制定出相应的考核标准细则（增减分标准）。

2.中层管理人员的绩效考核标准：绩效考核领导机构根据各部门的工作职责、部门主管的职责和管理目标，制定出相应的考核标准细则（增减分标准）。

续表

第五部分 绩效考核的组织与实施

第一条 考核通知发布

人力资源部发布考核通知，明确考核标准、考核表提交时间及要求等。

第二条 培训和指导

人力资源部对各部门的绩效考核工作进行培训和指导，培训内容包括考核规定、解释考核内容和项目、统一考核标准、严肃考核纪律等。

第三条 记录评定并上交

各部门负责人按照考核要求，对自己和下属的工作表现及计划目标的达成情况进行记录和评定，按期上交至人力资源部。

第四条 监督和指导

人力资源部在绩效考核实施过程中，负责监督和检查考核落实情况，并为考核者提供指导。

第五条 等级确定

人力资源部根据各部门提交的《岗位考核评分表》计算出被考核者的最终得分，并确定其最终等级，具体如下表所示：

考核分数等级对应表

考核等级	A	B	C	D	E
考核得分	90分以上	80分(含)~89分	70分(含)~79分	60分(含)~69分	60分以下

33

续表

第六条 结果公布

人力资源部在考核得分统计后的 3 个工作日内公布考核结果,如果遇到特殊情况需要延迟公布的,需要采用公告的形式说明原因。

第六部分 绩效反馈

第一条 绩效面谈前的准备

1. 考核者应搜集并填写好有关绩效考核的资料。
2. 被考核者应准备可以证明自己绩效的资料、证明及个人发展计划。

第二条 实施绩效面谈

1. 考核者与被考核应对绩效考核的目的、目标、评估标准达成一致,再讨论被考核者的具体考核得分。
2. 被考核者陈述自己的工作表现并初步评估,考核者应认真听取被考核者的陈述,并就问题逐项分析,争取达成一致。
3. 考核者应指出被考核者工作上的不足,并制订下一阶段的绩效改进计划。

第三条 制订绩效改进计划

绩效改进计划由考核者与被考核者进行绩效面谈并得到双方认可后制订。计划内容应包括有待改进的方面、目前水平、期望水平、改进措施和达成目标期限等。考核者应随时跟踪改进计划的落实情况,并及时给予被考核者支持和帮助。

第七部分 绩效申诉

第一条 申诉条件

在绩效考核过程中,员工如认为受不公平对待或对考核结果感到不满意,有权在考核期间或公示考核结果 7 个工作日内直接向人力资源部申诉,逾期视为默认考核结果，不予受理。

第二条 申诉形式

员工向人力资源部呈交《绩效考核申诉表》，人力资源部负责将员工申诉统一记录备案，并将员工申诉报告和申诉记录提交人力资源部经理。

第三条 申诉处理

1. 人力资源部在接到申诉后5个工作日内向员工做出是否受理的答复，对于无客观事实依据、仅凭主观臆断的申诉不予受理。

2. 人力资源部对员工申诉的内容进行调查，如发现情况属实，需要与部门负责人、当事人进行沟通、协调，如果不能协调的，呈报主管副总或总经理处理。

第八部分 处罚规定

第一条 考核者处罚规定

1. 评者的考核结果与被考核者的实际工作表现存在较大误差，经查属考核者工作不严谨所致的，对考核者予以扣除当月绩效评分5分的处罚。

2. 属考核者未秉公进行考核所致的，视情节轻重情况，对考核者予以扣除当月绩效评分10~30分和警告、记过、留职察看、调职、降职、辞退的处罚。

第二条 被考核者处罚规定

被考核者出现无视绩效考核结果行为（例如无理取闹等行为）或公然对抗考核者行为（例如辱骂、威胁考核者等行为）的，视情节轻重情况，对被考核者予以扣除当月绩效评分5~30分和警告、记过、留职察看、调职、降职、辞退的处罚。

续表

第九部分 绩效考核结果的运用

第一条 绩效考核资料存档

各部门绩效考核相关资料需统一整理,并交由人力资源部存档。

第二条 绩效考核结果的运用范围

1. 教育培训。管理人员及培训负责人在考虑教育培训工作时,可以把绩效考核的结果作为参考资料,借此掌握教育培训的重点。

2. 调动调配。管理人员在进行工作调配或岗位调动时,应该考虑被调动者的绩效考核结果,分析长短利弊,把握员工适应能力、发展潜力等。

3. 晋升。管理人员对员工进行晋升考核时,可将员工历史绩效考核成绩作为考核资料加以有效运用。

4. 提薪。管理人员参照员工的绩效考核结果,决定提薪的幅度。

5. 奖励。管理人员根据员工达成工作目标的情况及员工所做的贡献等,决定奖励的分配。

第十部分 附则

第一条 本制度自发布之日起开始执行。

第二条 本制度的编写、修改及解释权归人力资源部所有。

编制日期		审核日期		批准日期	
修改标记		修改处数		修改日期	

第 2 章

绩效考核体系

第２章

構造と文体

2.1 绩效考核目标的设定

绩效考核目标的设定，需要管理者结合企业内部经营状况及市场整体状况综合考虑。从绩效管理的根本目标来看，企业绩效考核的根本目的是保证并引导员工按时完成工作任务，从而确保组织整体经营目标的完成。既然每位员工的绩效都能影响到企业最终的绩效，那么绩效考核指标的设定，就不能仅仅依靠高层管理者的"直觉"。高层管理者必须要与各岗位员工共同商定，参考各部门、各岗位的实际工作情况，考虑到他们可能的最高绩效和最低绩效。当然，管理层更不能只听从岗位员工的意见，而不去思考企业的整体经营目标。这样就无法及时把握全局，考核目标的设定也就成为阻碍最终战略目标实现的屏障。在进行绩效考核目标设定时，管理层人员要及时了解行业动态，站在行业整体的角度去合理设置员工的绩效考核目标，使绩效考核目标不至于过高，造成企业人员的流失；也不至于过低，使员工工作不饱和，无法完成企业最终战略目标。

2.1.1 什么是绩效考核

绩效考核（Performance Examine）通常被称为业绩考核，是企业管理者用来确保员工的工作过程和工作结果与企业目标保持一致的手段和过程，是针对企业中每个员工所承担的工作，运用各种科学的定性和定量的方法，对员工工作行为的实际效果及其对企业的贡献或价值进行的考核和评价。

也就是说，绩效考核可以将员工的工作过程与企业的战略目标结合在一起，使员工的工作过程符合企业战略目标的要求；并将企业的战略目标分配给岗位员工，从而确定岗位员工的工作内容、工作绩效。

绩效考核的特质，决定绩效结果会牵涉到每个员工的切身利益，绩效考核也是企业管理的重要内容之一。对于企业来说，员工不断提高个人的绩效水平，也就是不断提高企业绩效的过程。因此清楚绩效考核的内涵是很有必要的，绩效考核绝不仅仅是绩效评价，而是一个完整的管理系统。

2.1.2 绩效考核的目的

绩效考核的目的	具体分析
衡量员工的工作效率、工作技能、工作态度，并最终完成企业战略目标。	绩效考核的最终目的是为了实现企业整体效益的提高。绩效考核不仅仅是对结果的考核，更是对企业员工在工作效率、工作能力、工作态度上的考核。它是将企业的最终战略目标分解成年度、季度、月度绩效指标，以此来不断督促员工完成效绩的过程。有效的绩效考核才能帮助企业达成目标。绩效考核目标的实现最终体现在企业整体效益的提高和员工个人绩效的提高上。
在考核过程中挖掘企业发展中的问题。	绩效考核是一个不断制订计划、执行、检查、处理的循环过程，是企业绩效管理中的一个重要环节。在绩效考核的过程中，考核者需要不断从考核过程中及时发现各岗位工作过程或结果出现的问题，帮助企业尽早解决，改进绩效。绩效考核是一个就运营中的问题不断发现问题、改进问题的过程。
绩效考核决定员工薪酬、奖金的发放。	绩效考核是确定劳动报酬的依据。员工的薪资一般都会为两个部分：固定薪资和绩效薪资。绩效薪资的分配与员工的绩效考核结果息息相关。绩效考核的目的，也是为了公平地按劳发放员工的劳动报酬。

续表

通过绩效考核实现员工的职位调动。	企业管理者经过沟通商定企业的战略目标。组织整体战略目标的实现，需要将大目标分解成小目标，由各部门共同完成。各部门各岗位的工作职责皆由企业战略目标所决定，而是否能完成分配到岗的绩效目标，是员工职位调动的依据。绩效考核结果合格的员工，就有机会申请岗位的调动。
在考核过程中帮助员工进行职业规划评估、职业培训。	绩效考核的最终目的并不是单纯地进行利益分配，而是促进企业与员工的共同成长。通过考核，考核者发现被考核者在工作上的问题，引导员工改进问题，帮助员工找到差距并提升个人工作能力，提高个人绩效；在绩效考核过程中，考核者还会仔细审核被考核者是否适合此岗位，并结合个人绩效考核结果，为员工做出职业规划评估，使企业利益与个人利益共同提高，最后达到双赢。
绩效考核能有效激励员工。	绩效考核是激励员工的有效手段。绩效考核与员工聘用、职务升降、培训发展、劳动薪酬相结合，使得企业激励机制得到充分运用，有利于企业的健康发展；同时对员工本人来说，绩效考核也有利于建立不断自我激励的心理模式，提高个人价值。
绩效考核可以促进企业上下级有效沟通。	绩效考核目标的确定，需要管理层人员与员工共同讨论决定。双方从各自的岗位职责出发，设定出符合岗位职责的绩效指标。在绩效考核的过程中，考核者与被考核者可以随时沟通，就工作过程中出现的问题，及时讨论解决，促使企业完成战略目标。在实际的考核中，上下级的沟通得以加强。

2.1.3　绩效考核对企业管理的重要价值

绩效考核对企业管理的重要价值	具体分析
绩效考核是企业人员聘用的依据。	从企业发展、战略目标角度制订的绩效考核目标，是对员工的工作能力、工作效率、工作态度等各方面素质进行考量的标准。绩效考核的结果就是企业人员聘用与否的标准指标。
绩效考核是员工职位变动的依据。	绩效考核的结果可以充分说明员工是否符合该职务的职位要求，是否可以在考核期内完成规定的工作任务。以此来确定其是否具有升职加薪的能力，对于不符合职位要求的员工，应该给予降职或降薪处理。
绩效考核是确定员工薪资标准的工具。	企业根据战略目标设定的各部门、各岗位的绩效目标，并据此制定相应岗位的薪资水平与奖励机制。合理的薪资标准和奖励机制，是员工提高绩效的外在动力。企业绩效的完成依靠员工绩效来实现，因此根据绩效水平确定薪资、衡量薪资水平，不断完善薪酬制度，能促使企业运营更加完善。
绩效考核是激励员工的有效手段。	通过绩效考核体系的建立，制定合理的人员聘用、职位变动、员工培训、薪资标准制度，使企业的激励机制得到充分运用，调动员工的工作积极性，带动企业健康发展。

续表

绩效考核是组织员工培训的依据。	绩效考核可以直接使管理者了解员工工作的薄弱环节，进而和员工进行沟通，及时引导员工改进工作方式。人力资源部门还可以安排针对各部门各岗位员工的企业培训，帮助其提升工作能力，提高绩效。
绩效考核有利于企业长期发展。	无论从企业角度还是员工个人角度来说，绩效考核都可以及时有效地对现阶段的工作做出适时全面的评价。从员工个人来看，这种机制有利于员工检视自身工作过程中的薄弱环节，及时发现自己与绩效目标的差距，进而改进工作方式，提高工作效率；从企业角度来看，有效的绩效考核体系，有利于把握未来整体发展方向，与时俱进，及时发现发展中的问题，从而改进，保持企业和个人的持续发展。

2.1.4 绩效考核衡量的标准

在绩效考核体系设计之前，需要根据企业的战略发展目标设定一个基本的绩效考核衡量标准。这个标准，依据岗位的不同而变化，但万变不离其宗，一切标准的确定都是从组织整体战略目标出发的。各部门管理层人员会从本部门工作目标出发，结合各员工的工作能力，在人力资源部的配合下，制定出相应的绩效考核衡量标准。对于管理层人员自身也是如此，领导机构会从部门整体工作职责及工作目标出发，为部门管理者制定相应的绩效考核衡量标准。

2.1.5 绩效考核的原则

绩效考核的原则	具体分析
公平公正原则	公平公正原则是设计、确定和推行绩效考核制度的前提。绩效考核体系不具备公平公正的原则，就无法发挥绩效考核应有的作用。绩效考核的考核内容、考核标准、考核程序及考核结果均向员工公开；同时，考核应客观、准确地体现出员工的工作绩效、工作能力和工作态度。
严格原则	绩效考核体系必须遵从严格原则，考核不严格就会流于形式，形同虚设。宽松的绩效考核体系不仅不会维系企业管理体系，还会产生消极的后果。
直接上级考核原则	所有岗位员工的绩效考核都必须由直接上级来完成。直接上级最了解被考核者的实际工作状态、效率、能力，能够直接了解到被考核者的真实情况。 直接上级考核原则，明确了考核责任所在，使考核系统与企业上下级管理系统一致，更有利于加强经营组织的指挥机能。
结果公开原则	绩效考核的结果应对被考核者公开。公开考核结果一方面帮助被考核者了解自己的优点和缺点、长处和短处，从而使被考核者了解如何去改进工作方式，提升绩效；另一方面，也可以防止在绩效考核中出现不公平的现象，以保证考核的公平合理性。

续表

赏罚分明原则	员工的考核结果与考核收益同员工的岗位责任与权利相统一。企业的绩效考核体系，应依据绩效考核的结果，针对绩效结果的好坏，赏罚并行，将员工的绩效结果与物质利益相关联，这样才能达成考核的真正目的。
客观考核原则	企业的绩效考核中，考核者必须站在客观角度，针对被考核者的考核资料进行客观评价，尽量避免添加主观性和感情色彩。
及时反馈原则	绩效考核的结果一定要及时反馈给被考核者，考核者就考核中的评语进行说明解释，肯定其进步和成绩，就不足之处提出建议。只有这样，才能起到考核的教育作用。
绩效差别原则	考核的等级之间应当有鲜明的差别界限，针对不同的考核结果在薪资、岗位等方面都应体现出绩效的明显差别。这种明显的差别形式，带有能动性，能够激发员工的上进心。

2.2 绩效考核体系构成

绩效考核体系是企业内部的团队及个人有关考核事项的说明，是由一组既独立又相互关联，能较完整地表达评价要求的考核指标组成的评价系统。绩效考核体系的建立，有利于观察员工的工作状况，是进行绩效管理的基础，也是绩效考核得以推进的保证。绩效考核体系由绩效考核周期、绩效考核内容、绩效考核者和绩效被考核者等方面组成。绩效考核周期指的是多长时间进行一次考核，绩效考核内容指的是在哪些方面进行考核，绩效考核者指的是由谁进行考核，绩效被考核者指的是对谁进行考核。构建绩效考核体系就是明确由谁负责、对谁、在哪些方面进行考核、多长时间进行一次考核等方面的制度规定。

完整的绩效考核体系是包括绩效考核体系设计、绩效考核实施过程、绩效考核和绩效反馈四个阶段在内的管理体系。

绩效考核体系的四个阶段	具体内容
绩效考核体系设计（准备阶段）	绩效考核体系设计是整个绩效考核系统的起点，是指在新的绩效周期开始时，管理层人员和岗位员工就员工的岗位职责进行共同讨论，即员工在考核期内的工作内容、工作效率、工作完成度、工作目标等工作事宜进行讨论、协商并达成共识。 这一阶段，主要是制定绩效目标，通过部门管理人员与岗位员工的共同讨论，确定进行考核的项目，制定考核的标准，设计考核数据。
绩效考核实施过程（实施阶段）	绩效实施过程是管理层人员与岗位员工之间进行持续性沟通，以解决考核期内出现的各种问题的过程。 绩效考核过程强调对员工绩效进行管理，通过在整个绩效期间内随时监督沟通，对员工的工作不断给予指导和反馈，帮助员工更好地改进工作。 这一阶段，主要是完成管理绩效和绩效评价的任务。在绩效考核期内，管理层人员要不断与员工进行沟通，及时引导他们的工作方式，帮助他们实现绩效目标，并采用合适的方法进行绩效考核评价。
绩效考核（反馈阶段）	绩效考核是通过一定的考核方法和考核量表，对员工的工作绩效做出评价，分出等级。 在这一阶段中，要进行绩效考核，根据考核结果帮助员工制定绩效改进方案，从而改进个人绩效。
绩效反馈（结果运用阶段）	绩效反馈是指在绩效考核结束时，管理层人员与岗位员工进行绩效评级面谈，由部门管理层人员将考核结果公布给员工，指出员工在工作上的不足，并一同制定改进方案。 这一阶段是绩效考核体系的延伸和补充，改进绩效考核体系中不足的部分，以便进行下一次的绩效考核。

2.3 绩效考核体系设计

为了客观公正地评价各部门各员工的工作成果，监督并推进企业各部门工作任务的顺利进行，提高整个组织的工作效率，达成企业战略目标，建立有效的绩效考核体系是必要的。而绩效考核体系建立的第一步就是绩效考核体系设计。

在确定企业战略目标的前提下，将组织整体战略目标分解成易于实现的小目标。这些小目标将按照岗位职责分配到各部门乃至各员工，保证每个员工都能被合理分配。

考核的标准，则需要管理层人员与各部门员工进行沟通，共同制定绩效考核体系，并将考核指标、考核标准等问题统一，使管理层人员和员工对工作计划都做到心中有数。

从内容上来看，绩效考核主要考察的内容有：日常工作、工作行为、工作能力和工作态度四项等。根据考核内容的不同，一般将日常工作、工作行为作为月度考核的项目，工作能力和工作态度作为季度考核的项目。

从考核方式上来看，日常工作通常以目标管理的方式进行；工作行为则要依据公司行为准则和公司奖惩制度及时评定，以求在第一时间发现员工工作中出现的问题；工作能力和工作态度，有的公司采用笔试或结构化面试的形式展开，进行综合性的评定。

在绩效考核体系设计完成后，员工应明确的工作职责如下：

1. 使员工明确在绩效考核期内，主要的工作内容及工作职责，工作成果应该达到何种程度。

2. 帮助员工明确在考核期内，如何分阶段有效地进行工作。

3. 帮助员工明确在工作上拥有何种权利、决策权限。

4. 使员工明确该岗位的工作意义和主要工作任务。

5. 帮助员工树立及时沟通的思维模式，及时与上下级沟通，以免绩效目标出现偏差。

6. 使员工正视自身工作能力，以确定是否要进行岗位培训。

2.4 绩效考核实用制度

2.4.1 绩效考核的种类

1. 按照时间划分考核种类

考核种类	考核说明	考核模式	考核方法	考核规定
定期考核	企业考核的时间可以是一个月、一个季度、半年、一年。考核时间的选择要根据企业文化和岗位特点选择。	月度考核	计分法	根据员工日常工作计分，分数评定直接与薪资挂钩。
			评语法	管理层人员根据员工的工作表现，对员工的情况进行评价。这个评价是年终评审的依据。

续表

定期考核	企业考核的时间可以是一个月、一个季度、半年、一年。考核时间的选择要根据企业文化和岗位特点选择。	季度考核	笔试	依据岗位职责出题，得出的分数即为此季度的考核结果。考核结果为评定员工等级的依据。
			面试述职	直面上级领导阐述季度工作职责及完成情况。上级领导据此确定考核结果。
		年度考核	计分、评语、笔试、面试述职分别进行。	对全公司各部门的工作绩效进行总结分析。对新一年的经营目标、岗位职责进行合理规划。
不定期考核	不定期考核有两方面的含义，一方面是指组织中对人员的提升所进行的考核，另一方面是指主管对下属的日常行为表现进行记录，发现问题及时解决，同时也为定期考核提供依据。			

2. 按照考核内容划分考核种类

考核种类	考核说明
特征导向型	考核的重点是员工的个人特质，如诚实度、合作性、沟通能力等，即考量员工是一个怎样的人。
行为导向型	考核的重点是员工的工作方式和工作行为，如技术人员技术更新的能力、财务人员核查财务的严谨性等，即对工作过程的考量。
结果导向型	考核的重点是工作内容和工作质量，如产品的产量和质量、劳动效率等，侧重点是员工完成的工作任务和生产的产品。

3. 按照考核方法划分考核种类

考核种类	考核说明
客观考核方法	客观考核方法是对可以直接量化的指标体系所进行的考核，如生产指标和个人工作指标。
主观考核方法	主观考核方法是由考核者根据一定的标准设计的考核指标体系，对被考核者进行主观评价，如工作行为和工作结果。

4. 按考核主体划分考核种类

考核种类	考核说明	考核方法
管理层人员考核	指上级主管对下属员工的考核。这种由上而下的考核，由于考核的主体是主管领导，所以能较准确地反映被考核者的实际状况，也能消除被考核者心理上不必要的压力。但有时也会受主管领导的疏忽、偏见、感情等主观因素的影响而产生考核偏差。	上级考核的实施者一般为被考核者的直接上级，也是绩效考核中最主要的考核者。
自我考核	指被考核者本人对自己的工作业绩和行为表现所做的评价。这种方式透明度较高，有利于被考核者在平时自觉地按考核标准约束自己。但最大的问题是有"倾高"现象存在。	自我考核是被考核者本人对自己的工作表现进行评价的一种活动，它一方面有助于员工提高自我管理能力，另一方面可以取得员工对绩效考核工作的支持。
同级考核	指同级间互相考核。这种方式体现了考核的民主性，但考核结果往往受被考核者的人际关系的影响。	同级考核者，一般为与被考核者工作联系较为密切的人员，他们对被考核者的工作技能、工作态度、工作表现等较为熟悉。

续表

下属考核	指下属员工对他们的直接主管领导的考核。一般选择一些有代表性的员工，用比较直接的方法，如直接打分法等进行考核，考核结果可以公开或不公开。	下级对上级进行考核，对企业民主作风的培养、企业员工之间凝聚力的提高等方面起着重要的作用。
合作方考核	许多企业把合作方也纳入员工绩效考核体系中。在一定情况下，合作方是经常能够在工作现场观察员工工作状态及效率的人，此时，他们就成了最好的绩效信息来源。	对于那些经常与合作方打交道的员工来说，合作方满意度是衡量其工作绩效的主要标准。

5. 按照考核结果的表现形式划分考核种类

考核种类	考核说明
定性考核	定性考核的结果表现为对某人工作评价的文字描述，或对员工之间评价高低的相对次序以优、良、中、及格、差等形式表示。
定量考核	定量考核的结果则以分值或系数等形式表示。

6.绩效考核分类章程

制度名称	绩效考核分类章程	受控状态	
		编　号	
执行部门		监督部门		编修部门	

第一部分　总则

第一条　目的

为了保证企业整体目标的实现，建立有效的监督激励机制，加强部门之间的配合协作能力，辅助企业更好地做好绩效考核，特制定本制度。

第二条　原则

本着公平、公正、公开的原则，形成绩效考核的良性竞争机制。

第三条　适用范围

本制度适合企业所有员工的分类绩效考核。

第二部分　绩效考核分类

第一条　按时间划分

1.定期考核。企业考核的时间可以是一个月、一个季度、半年、一年。考核时间的选择要根据企业文化和岗位特点进行选择。

2.不定期考核。不定期考核有两方面的含义，一方面是指组织中对人员的提升所进行的考核，另一方面是指主管对下属的日常行为表现进行记录，发现问题及时解决，同时也为定期考核提供依据。

第二条　按内容划分

1.特征导向型。考核的重点是员工的个人特质，如诚实度、合作性、沟通能力等，即考量员工是一个怎样的人。

续表

2.行为导向型。考核的重点是员工的工作方式和工作行为,技术人员技术更新的能力,财务人员核查财务的严谨性等,即对工作过程的考量。

3.结果导向型。考核的重点是工作内容和工作质量,如产品的产量和质量、劳动效率等,侧重点是员工完成的工作任务和生产的产品。

第三条 按目的划分

绩效考核按目的划分为例行考核、晋升考核、转正考核、评定职称考核、培训考核、对新员工考核等。

第四条 按考核对象划分

绩效考核按考核对象划分为对员工考核、对干部考核。对干部考核,又可分为对领导干部、中层干部、科技人员的考核。

第五条 按考核主体划分

绩效考核按考核主体划分为管理层人员考核、自我考核、同级考核、下属考核和合作方考核,以及综合以上各种方法的立体考核。

第六条 按考核形式划分

绩效考核按考核形式划分为口头考核与书面考核、直接考核与间接考核、个别考核与集体考核。

第七条 按考核标准的设计方法划分

绩效考核按考核标准的设计方法划分为绝对标准考核和相对标准考核。绝对标准考核即按同一尺度去衡量相同职务人员,可以明确地判断员工是否符合职位要求及符合的程度。相对标准考核即小组内部同类人员相互比较做出评价,可以确定人员的优劣顺序,但不能准确地把握员工与职位要求之间的符合程度。

第八条 按主观客观划分

1.客观考核方法。客观考核方法是对可以直接量化的指标体系所进行的考

续表

核，如生产指标和个人工作指标。

2.主观考核方法。主观考核方法是由考核者根据一定的标准设计的考核指标体系，对被考核者进行主观评价，如工作行为和工作结果。

第三部分　附则

第一条　本制度由人力资源部负责制定，修改时亦同。

第二条　本制度自下发之日起执行。

编制日期		审核日期		批准日期	
修改标记		修改处数		修改日期	

2.5 绩效考核方法

2.5.1 360度绩效考核法章程

制度名称	360度绩效考核法章程	受控状态	
		编　　号	
执行部门		监督部门		编修部门	

第一部分　总则

第一条　目的

为对员工的绩效进行客观、公平的评价和考核，以此为基础进行员工的奖励、提薪、晋升、能力提升等人力资源管理工作，并公正合理地处理员工的待遇。

第二条　原则

1. 以人为本的原则。即让员工充分参与绩效考核的全过程，在完成企业经营目标的基础上，重视员工的职业发展，关注员工个人价值的实现。

2. 客观公正的原则。即员工的绩效评估结果应与员工的实际工作表现基本相符，客观地反映员工工作绩效的优劣，杜绝考核者偏袒或排挤员工事件的发生。

续表

3. 有效沟通的原则。即员工应清楚了解本人的绩效评估结果（包括工作中的优点、缺点和有效、无效的工作行为等），遇到关于绩效考核方面问题应及时与考核者反馈。考核者应向被考核员工客观地公布其工作行为、工作绩效以及对日后工作的期望，并及时了解、反馈绩效考核中现存的问题。

第三条　适用范围

本制度适用于企业全体员工。

第二部分　绩效考核的内容

1. 工作成果。
2. 岗位职责要求。
3. 行政纪律。
4. 上级考核。
5. 同级考核。
6. 其他部门评价。

第三部分　绩效考核的方法和规定

第一条　由各部门根据岗位职责书制定每个岗位的具体量化考核指标。

第二条　由各部门制定各自的岗位职责及其细则，作为本考核制度的依据。

第三条　由人力资源部制定行政纪律要求、规范及其考核细则，作为本考核制度的附件，是对行政纪律考核的依据。

第四部分　绩效考核结果的评级标准

第一条　员工考核结果按成绩评为 A、B、C、D 四个等级，没有比例限制。

第二条 有严重违纪的员工当期考核等级为 D。

第三条 考核结果评级标准如下：

1. 同时满足下列所有条件者为 A 等：

（1）基础部分的"行政纪律"单项得分不低于该项满分的 95%，基础部分的其他单项得分不低于该项满分的 80%。

（2）基础部分的总分不低于 900 分。

（3）合理化建议部分的总分不低于 100 分。

（4）基础部分与合理化建议部分之和的总分不低于 1050 分。

2. 同时满足下列所有条件者为 B 等：

（1）基础部分的"行政纪律"单项得分不低于该项满分的 80%，基础部分的其他单项得分不低于该项满分的 60%。

（2）基础部分的总分不低于 700 分。

（3）基础部分与合理化建议部分之和的总分不低于 800 分。

3. 同时满足下列所有条件者为 C 等：

（1）基础部分的"行政纪律"单项得分不低于该项满分的 60%，基础部分的其他单项得分不低于该项满分的 50%。

（2）基础部分的总分低于 800 分，但不低于 500 分。

4. 满足下列任一条件者为 D 等：

（1）基础部分的"行政纪律"单项得分低于该项满分的 60%。

（2）基础部分的其他单项得分低于该项满分的 50%。

（3）基础部分与合理化建议部分之和的总分低于 500 分。

（4）有严重违纪的员工当期考核等级为 D。

第五部分 考核奖惩制度

对考核结果实行按等级一次性奖惩的原则。

第六部分　绩效面谈

第一条　考核面谈不仅是对被考核者公布考核结果，更重要的是给予被考核者正式的考核信息，促进员工绩效的提高。

第二条　考核面谈在考核结束后一星期内进行，由被考核者的直接上级安排一对一的面谈，被考核者的个人考核资料对其本人公开。

第七部分　绩效申诉

第一条　被考核者对考核结果持有异议时，可在考核面谈结束之后的两星期内向人力资源部提出仲裁申请，逾期不予受理。

第二条　人力资源部接到被考核者的仲裁申请后，在考核面谈结束后的第三个星期内组织考核仲裁。

第三条　考核仲裁委员会在听取双方当事人的陈述、查阅有关记录资料后做出裁决。裁决应在全体委员和双方当事人同时在场的情况下宣布。此裁决具有最终效力。

第四条　考核仲裁不公开进行。

第八部分　附则

第一条　本制度自发布之日起开始执行。
第二条　本制度的编写、修改及解释权归人力资源部所有。

编制日期		审核日期		批准日期	
修改标记		修改处数		修改日期	

2.5.2 目标管理（MBO）考核法章程

制度名称	目标管理（MBO）考核法章程	受控状态	
		编　　号	
执行部门		监督部门		编修部门	

第一部分　总则

第一条　目的

目标管理考核法要求企业各级主管让员工参与工作目标的制定，明确责权；在目标实施过程中，充分信任员工，进行适度的授权，让员工实行"自我控制"，努力完成工作目标。

以目标对下级进行考核，评定成果，进行奖励，激发员工积极性，保证企业总目标的实现。

因此，目标管理的实质，是以目标来激励员工的自我管理意识，激发员工行动的自觉性，充分发挥其智慧和创造力，以期最后形成员工与企业共命运、同呼吸的共同体。

第二条　原则

1. 以人为本的原则。即让员工充分参与绩效考核的全过程，在完成企业经营目标的基础上，重视员工的职业发展，关注员工个人价值的实现。

2. 客观公正的原则。即员工的绩效评估结果应与员工的实际工作表现基本相符，评估结果客观地反映员工工作绩效的优劣，杜绝考核者偏袒或排挤员工事件的发生。

3. 有效沟通的原则。即员工应清楚了解本人的绩效评估结果（包括工作中的优点、缺点和有效、无效的工作行为等），遇到关于绩效考核方面的问题应及时与考核者反馈。考核者应向被考核员工客观地公布其工作行为、工作绩效以及对日后工作的期望，并及时了解、反馈绩效考核中现存的问题。

第三条　适用范围

本制度适用于企业全体员工。

第二部分　目标管理的程序

第一条　初步在最高层设置目标

设置目标的第一步是最高层管理者确定在未来时期内要抓住的企业宗旨、使命和更重要的企业战略目标。在设置目标的时候，高层管理者也要建立衡量目标完成的标准，如果制定的是可以考核的目标，销售金额、利润、百分率、成本标准等这些衡量标准，一般都要制定到目标中去。

第二条　明确组织的作用

在达到目标的过程中，所期望的成果和责任之间的关系往往被忽视，这一点应注意。例如，在设置一种新产品投产的目标中，研究、销售和生产等部门的高层管理者必须仔细地协调他们的工作。

第三条　下属人员目标的设置

在有关的总目标、策略和计划工作传达给下属后，上级领导就可以着手同他们一起来设置他们的目标了。

上级领导的作用在这里是极其重要的。他们应该问的问题包括：你能做出什么贡献？我们怎样来改进你的工作，同时也有助于改进我们的工作？有什么障碍？是什么阻碍你取得更高水平的业绩？我们能做什么变革？我们应怎样帮助你？这样做，可以使许许多多阻碍业绩的问题得到解决，而且可以从下属人员的经验和知识中，吸收到许多建设性的意见。

续表

第四条 拟定目标的反复循环过程

从最高层开始确定目标而后将目标分派给他们的下属人员，可能是难以奏效的。拟定目标也不应从基层开始，需要的是一定程序的反复循环过程。目标的设置不仅是一个连续的过程，而且也是一个互相作用的过程。例如，一位销售高层管理者可能切合实际地设置一个产品销售目标，这个目标可能会高于最高层管理者所认为的可能目标。在此情况下，制造部门和财务部门的目标肯定要受到影响。

第三部分 绩效考核的目标的检测

SSMART 的目标管理检测原则：

SSMART 的含义	检测原则
S – Stretch	每项目标需要使自己在能力范围内再多做一点，若达到一般目标是 100 分，那延展的满分就是 110～130 分。
S – Specific	每项目标的制定，一定是具体的，而不是一个笼统概略性的。
M – Measurable	每项目标必须要用量化的指标来评定。评量方法中，数字是最容易取得的，有些可以用数字来表达的，如多少营业额，多少百分比的市场占有率，多少利润，多少百分比的离职率，完成几次。有些是评定有无的评量方法，如有没有客户抱怨，有没有开发成功第一批产品，是否上市。再接下来的评量方法，可借其他的途径取得，如客户服务满意调查报告、市场调查报告或员工工作满意调查报告等。

续表

A – Achievable	所有的目标虽然比能力范围再多一点，但一定是要能达到的。在此，主管必须帮助员工检视目标的可行性，因为达不到的目标，制定跟没制定结果是一样的。制定可行性不高的目标，员工第二年就觉得没意思，主管再推脱，阻力反而会增加。
R – Relevant	每项目标必须与其直接报告主管的目标相结合。
T – Time Bound	每项目标设定好，除了要能量化评估外，还要在限定的时间内完成。

第四部分 考核奖惩制度

对考核结果实行按等级一次性奖惩的原则。

第五部分 绩效面谈

第一条 考核面谈不仅是对被考核者公布考核结果，更重要的是给予被考核者正式的考核信息，促进员工绩效的提高。

第二条 考核面谈在考核结束后一星期内进行，由被考核者的直接上级安排一对一的面谈，被考核者的个人考核资料对其本人公开。

第六部分 绩效申诉

第一条 被考核者对考核结果持有异议时，可在考核面谈结束之后的两星期内向人力资源部提出仲裁申请，逾期不予受理。

第二条 人力资源部收到被考核者的仲裁申请后，在考核面谈结束后的第三个星期内组织考核仲裁。

第三条 考核仲裁委员会在听取双方当事人的陈述、查阅有关记录资料后做出裁决。裁决应在全体委员和双方当事人同时在场的情况下宣布。此裁决具

续表

有最终效力。

第四条 考核仲裁不公开进行。

第七部分 附则

第一条 本制度自发布之日起开始执行。

第二条 本制度的编写、修改及解释权归人力资源部所有。

编制日期		审核日期		批准日期	
修改标记		修改处数		修改日期	

2.6 月度绩效考核表

考核周期：　　年　月至　　年　月

姓　　名		职　务		隶属部门		评估人	
个人月度工作总结（月度工作目标及完成情况）							
	（空间不足可附页）　　　　　签名：						

第一部分　目标绩效考核（权重70%）

考核指标		目标		月度绩效评估			
项目名称	分值	目标	目标/结果	评价分数	合计分数	评语	

续表

评估说明：				
第二部分：能力/态度绩效考核（权重30%）				
项目	分值	评价着眼点	分数	评语
知识和技能	20（1级为4分，每增1级加4分）	定义：利用自身知识和技能，有效开展工作。 1级：缺乏岗位工作必需的工作知识和技能，影响工作目标的达成。 2级：具备岗位工作最基本的知识和技能，工作效率不高。 3级：具备岗位工作所需的知识和技能，能在规定时间内完成本职工作。 4级：知识、技能丰富，能优质、高效地完成本职工作。 5级：知识、技能、经验丰富，不仅能高效完成本职工作，还经常性地对同事予以工作指导或将知识技能传授给他人。		
沟通协调能力	20（1级为4分，每增1级加4分）	定义：交流沟通，与人合作。 1级：缺乏沟通方式，不善交流，难以表达自己的思想、方法。 2级：交流、沟通方式混淆，缺乏中心议题，不易于合作。 3级：沟通清楚易于接受，表现出互相接受的合作倾向。 4级：善于沟通，力求合作，能有效协调与其他部门的工作关系。 5级：具有很强的沟通愿望和良好的沟通方式，使合作成为主要工作方式、方法。		

续表

工作积极性	20（1级为4分，每增1级加4分）	定义：具有工作热情，树立克服困难的信念，努力工作。 1级：工作不图进取，经常消极怠工。 2级：能够以一般的工作标准来完成工作。 3级：能够以较高的工作标准展开工作。 4级：以热情和努力投入自己的工作，经常性地高效完成本职工作。 5级：持续的工作积极、努力，工作效率极高，并以此带动其他人的工作。		
工作责任感	20（1级为4分，每增1级加4分）	定义：对工作认真、负责，寻求有效的方法达成工作目标。 1级：没有责任意识，出现问题，漠不关心。 2级：有基本责任意识，但出现责任问题时，寻求理由开脱。 3级：完成本职工作，并承担与本职工作相关的责任。 4级：承担授权责任，积极开展工作，对工作中出现的问题敢于主动承担责任。 5级：以积极的态度承担责任，并主动寻求解决方案，推动工作绩效的改进。		
工作纪律性	20（1级为4分，每增1级加4分）	定义：理解和遵守各项规章制度，包括对领导命令的服从。 1级：不遵守规章制度，经常性地有迟到、早退及其他违纪现象，且不思悔改。 2级：漠视规章、制度的约束，对领导指示表示出拒绝性倾向，但无明显违纪。 3级：忠于职守，遵纪守法，服从领导。 4级：积极执行和推进各项规章制度。 5级：在遵守、服从的前提下，提出有效的制度改进建议，以完善各项规章制度，并在遵章守纪方面为他人做出表率。		
目标绩效分数（70%）		能力、态度绩效分数（30%）	个人月度综合考绩	
对应等级		A B C D		
综合评语			考核者签名：	

2.7 年度绩效考核表

年度绩效考核表							
被考核者				考核者			
姓名	职位	所属部门		姓名	职位	所属部门	
考核期限				考核时间			
1. 年终考核							
考核项目	考核指标	权 重	考核说明		考核得分		
^	^	^	^		指标得分	加权得分	
工作业绩							
^							
^							
工作能力							
^							
^							
工作态度							
^							
^							
年终考核得分小计							

续表

\multicolumn{5}{c	}{2.季度考核}
第一季度得分	第二季度得分	第三季度得分	第四季度得分	评价得分
\multicolumn{5}{c	}{3.年度考核}
\multicolumn{5}{c	}{年终考核得分×60%+季度考核平均得分×40%}
\multicolumn{4}{c	}{年度考核得分合计}	
备注	\multicolumn{4}{c	}{}

2.8 绩效考核管理制度

制度名称	绩效考核管理制度	受控状态	
		编　　号	

第一部分　总则

第一条　目的

为客观公正地评价和考核各部门的经营绩效，促使各部门规范管理、理顺业务流程，提高公司整体运营效率，圆满达成年度经营目标及实现自身的可持续发展，遵循"市场压力传递"和"兼顾公平与效率"原则，特制定本制度。

第二条　适用范围

本制度适用于公司大部分正常出勤的员工，其中以下几种特殊情况除外：

1. 非公司正式员工，如兼职、特聘的员工。
2. 考核期开始之后才进入公司的员工。
3. 因私、因病、因伤连续缺勤＿＿个工作日以上者；因工伤连续缺勤＿＿个工作日以上者。
4. 虽然在考核期任职，但考核实施日已经退职者。

续表

第三条　原则

1. 遵循公平、公正、公开的原则。

2. 遵循定性考核与定量考核相结合的原则。

3. 部门绩效考核结果与各部门月度薪资计发挂钩，总体上以有效激励为原则。

4. 考核的成绩以确认的事实或者可靠的材料为依据，遵循真实的原则。

第二部分　各级职责划分

第一条　总经理职责

总经理负责中、高层管理人员的考核工作，同时指导、监督公司整体绩效管理工作的开展。

第二条　人力资源部

人力资源部负责对各部门进行岗位考核培训、辅导；负责定期组织实施、推进企业发展的绩效考核工作；负责监控、稽查各部门绩效考核的过程、结果；负责接受、协调处理员工的考核申诉。

第三条　其他各部门负责人

考核实施过程中，其他各部门负责人负责与被考核者进行持续的沟通，并适当地给予必要的资源帮助和支持；负责记录、搜集被考核者的绩效信息，为绩效评价提供事实依据；负责考核、评价被考核者的工作绩效。

第四条　普通员工

普通员工要按照要求填写绩效考核表，并制订个人绩效改进计划。

续表

\multicolumn{4}{c}{第三部分　绩效考核实施流程}
\multicolumn{4}{c}{绩效考核实施流程}
节点	项目	项目分类	具体流程
1	考核指标制定	制定依据	各部门根据企业发展战略和各岗位的职责及工作标准，制定本部门各岗位绩效考核指标。
		时间安排	21~23日部门经理组织制定本部门各岗位考核指标； 24~25日分管领导审核； 26~27日人力资源部与各部门审核确定考核指标； 28日总经理审批； 29日员工签名后报人力资源部存档。
2	指标跟踪反馈	非量化指标	每位部门经理、副经理均应准备一本绩效考核专用笔记本，对日常工作中被考核者不符合考核标准并影响考核评分的事实和数据及时做好工作记录。记录考核事件发生的时间、地点、事件概要和结果等，并与被考核者确认。
		量化指标	各部门根据指标跟踪办法的规定及时做好考核指标相关数据的搜集、记录、整理、核查和统计工作，并定期进行汇总统计。
		沟通反馈	发现被考核者行为表现优秀，应在一天内进行公众表扬；被考核者的行为表现不符合考核标准，应在一天之内进行沟通并告知如何改进提升，并与被考核者确认。

续表

3	考核实施	考核方式	企业分管领导负责考核所分管的部门经理、副经理，部门经理负责考核本部门的员工，绩效考核委员会负责审核确定各部门考核结果。
		员工考核	次月第 1 个工作日，员工进行自我评估； 次月第 2~3 个工作日，部门经理进行考核评分； 次月第 4 个工作日分管领导审核； 次月第 5 个工作日人力资源部收集汇总各部门考核表和相关考核依据，提交给总经理审核； 次月第 8 个工作日考核委员会对考核结果审核确认； 每月考核例会后 1 个工作日内，部门经理向所属员工反馈、沟通考核结果。
		经理、副经理考核	次月第 1 个工作日，经理、副经理进行自我评估； 次月第 2~3 个工作日，分管领导进行考核评分； 次月第 5 个工作日人力资源收集汇总各部门考核表和相关考核依据，提交给总经理审核； 次月第 8 个工作日内，分管领导向所分管的经理、副经理反馈、沟通考核结果。
4	结果反馈	绩效沟通	每月考核例会后 1 个工作日内，各考核负责人把考核结果分别反馈给被考核者，并就考核结果与被考核者进行有效沟通，表扬优点，指出不足并提出整改意见。
5	结果申诉	申诉处理	如对考核结果有异议，在收到考核结果的两个工作日内向人力资源部提出申诉，人力资源部调查核实后给出处理意见，并将处理意见于 3 个工作日内反馈给申诉人。

注：1. 如在履行本考核制度时，有任何不明白，请及时与人力资源部联系。
　　2. 如在履行本考核制度时，出现任何偏差，请及时向人力资源部反馈，以便及时调整。

审批人：_____　　审核人：_____　　编制人：_____

续表

第四部分　绩效考核等级划分与分值统计

第一条　升级记功

根据事由、动机、影响力等综合作用,有以下情形之一者,可以报请升级、记大功、记功、嘉奖、晋级及奖励,并记入考核记录：

1. 对本企业业务上或技术上有特殊贡献,并经采用而获得显著绩效者。

2. 遇到特殊危急事故,冒险抢救,保全公司重大利益或他人生命财产安全者。

3. 对于危害公司产业或设备的意图防患于未然,并妥善避免企业遭受损害者。

第二条　免职记过

根据事由、动机等综合作用,有以下情形之一者,视其情节轻重程度,报请免职、记大过、记过、申诫、降级等处罚,并记入考核记录。

1. 行为不检、屡教不改、破坏纪律情节严重者。

2. 遇到特殊危急事故,畏难逃避或救护失时,导致公司遭受重大损害者。

3. 对可以预见的灾害疏于察觉或临时急救措施失当,导致公司遭受不必要损害者。

4. 察觉到对公司的重大危害却徇私不顾、隐匿不报,因此耽误最佳时机导致公司遭受损害者。

第三条　奖励惩罚与考核分数挂钩

1. 记大功一次加 10 分；记功一次加 5 分；嘉奖一次加 2 分。

2. 记大过一次减 10 分；记过一次减 5 分；申诫一次减 2 分。

续表

第四条　考核等级划分		
考核等级划分表		
等级	分数	比例分配
A 等	90 分以上，年度考核成绩在 90 分以上。	A 等占考核总人数的 5%
B 等	80~89 分，年度考核成绩在 80 分以上。	B 等占考核总人数的 60%
C 等	70~79 分，年度考核成绩在 70 分以上。	C 等占考核总人数的 20%
D 等	60~69 分，年度考核成绩在 60 分以上。	D 等占考核总人数的 10%
E 等	60 分以下，年度考核成绩未满 60 分。	E 等占考核总人数的 5%
注：考核等级分配比例不做硬性规定，但是 A 等和 E 等的比例均不能超过 5%		

第五条　考核成绩等级限定

1. 曾受任何一种惩戒；迟到或早退累计扣分 10 分以上者；请假超过限定日数者；旷工一天以上者不得列入 A 等。

2. 在年度内曾受记过以上处分者；迟到或早退累计 20 次以上者；旷工两日以上者不得列入 A–C 等。

第六条　参与年度绩效考核资格限定

入职未满半年者；停薪留职及复职未达半年者；已应征入伍者；曾受留职查看处分者；中途离职者不得参加年度绩效考核。

续表

第五部分　附则 **第一条**　本制度自发布之日起开始执行。 **第二条**　本制度的编写、修改及解释权归人力资源部所有。	

执行部门		监督部门		编修部门	
编制日期		审核日期		批准日期	

第 3 章

绩效考核流程和反馈

3.1 绩效考核的实施

绩效考核体系设计完成后，绩效考核便进入实施阶段。在绩效考核实施阶段，企业员工要按时填写绩效表格，确认自己的工作完成情况；管理层人员则要定期进行绩效面谈，及时了解员工的工作进展，在必要条件下，给予员工工作上的帮助和指导，引领员工正确的前进方向；人力资源部门的员工需要搜集、记录员工的绩效数据，如发现不合理的绩效考核细则及时处理。

3.1.1 绩效考核准备阶段

在绩效考核准备阶段，首先需要明确考核对象。即被考核者为各岗位员工，考核者为企业管理层人员、各部门管理人员。

准备细节	准备内容
明确目标考核指标，采用目标考核为主导、行为导向为辅的考核方法。	在明确企业战略目标的情况下，用品质性绩效标准，即沟通能力、忠诚度、领导技巧等考核项目；行为性绩效标准，即工作方式、工作行为等考核项目；结果绩效标准，即工作目标、工作计划等考核项目和日常工作职责四个绩效标准界定每个岗位的考核范围，然后再确定每个岗位的考核指标和标准。
使各考核者明确考核的目的、方法、流程、工具的使用及制度的确定。	使考核者明确参加考核的责权利，为考核的顺利进行打下基础。

3.1.2 绩效考核实施阶段

在绩效考核实施阶段，首先要搜集组织信息，了解企业各岗位工作职责、各岗位人员的实际工作情况。

绩效考核的实施进程	推进过程
制定绩效考核实施章程，学会沟通与管理。	必须确保每位绩效考核参与者明确考核的真正目的。
工作推进要有计划性。	依据已经制定好的考核章程，按照步骤推进考核工作。
人力资源部负责人要负起监督的职责。	人力资源部员工需要在绩效考核的过程中，对被考核者和考核者进行监督，确保绩效考核工作的进行。
各部门管理层人员需指导并部署该部门的各项考核指标。	各部门管理层人员应该积极主动地指导下属员工认真完成绩效考核的各项指标，在考核完成后就员工的绩效结果进行面谈,在如何改进绩效方面达成共识。

3.1.3 绩效考核实施章程

制度名称	绩效考核实施章程	受控状态	
		编　　号	

第一部分　总则

第一条　目的

1. 公平、公正、科学地评价管理人员的工作绩效,完善激励与约束机制,充分调动管理人员的工作积极性,合理配置人力资源,有效促进工作绩效改进。

2. 创建规范的考核平台,进一步规范、统一、完善部门考核体系,更好地指引公司开展考核工作。

第二条　原则

严格遵循公平、公正、公开、科学的原则,真实地反映被考核者的实际情况,避免因个人和其他主观因素影响绩效考核结果。

第三条　适用范围

本细则适用于本部门全体管理人员。

第二部分　考核体系

第一条　考核内容

1. 考核内容表

考核内容表		
	专项工作	日常工作
工作业绩考核（占80%）	指管理人员月（季）度工作计划中的工作内容,包括临时增加的计划外的工作。此种考核根据管理人员月（季）度工作计划或临时工作计划完成的进度、质量及完成率等进行综合评价。	指每月（季）例行的工作,日常工作的考核根据日常工作完成的质量、进度及相关指标达成情况进行考核。日常工作考核所占的比重最好结合各岗位工作要求及实际工作情况进行划分。

85

续表

工作能力和态度考核（占20%）	指考核者为达到工作目标所需的各项知识、技能，以及管理人员的敬业精神、团队精神、执行力、快速反应能力等。	
	加分项	减分项
其他	对管理人员创新、自主学习、特殊贡献等进行考核，符合公司奖励规定，获得公司表彰及书面认可的予以加分，如表扬、获奖、记功等。	违反公司劳动纪律及规章制度，受到处罚、批评的，在受处罚月（季）度内给予考核扣分。如迟到、早退、脱岗、违规、请假等。

2. 考核分值组成情况表

月（季）度考核分值组成情况表			
考核内容		权重	综合考核得分
工作业绩	专项工作	两项比例将根据各岗位工作要求及实际工作情况进行划分，但总和为70分不变。	得分 = 工作业绩 + 工作能力和态度 + 加分项 − 减分项
	日常工作		
工作能力和态度		30分	
加分项		—	
减分项			

续表

3. 年度考核

年度考核得分取考核年度 12 个月考核成绩之总和。得分计算方法如下：

年度考核得分 = 考核年度内每月考核成绩 × 12。

第二条　考核方式

考核以各被考核者每月工作实施计划为基础，依据考核标准对照进行逐项打分，采取三级考核的方式进行评分：

1. 部门经理：先自评，考核季度下属管理人员平均成绩作为二级考核成绩（计算方法：二级得分 = 直接下属管理人员考核季度成绩总和 ÷ 下属管理人员人数，属一般管理人员者，考核季度成绩取该季度 3 个月的平均成绩），再由部门主管（指公司级领导）考核，自评与二级考核评分作为参考，以部门主管考核评分作为最终考核结果。

2. 部门副经理：先自评，后由直接主管（指部门经理）评分作为二级考核成绩，最后由部门主管（指公司级领导）考核，自评与二级考核评分作为参考，以部门主管考核评分作为最终考核结果。

3. 一般管理人员：先自评，后由部门经理或副经理评分作为二级考核成绩，最后由部门主管（指部门经理）考核，自评与二级考核评分作为参考，以部门主管考核评分作为最终考核结果。

第三条　考核评分标准

根据本部门各岗位管理人员工作性质、分工的不同以及所占权重比例，分别制定评分标准。

第四条　考核周期

根据公司《绩效考核实施细则》要求，一般管理人员每月考核一次，部门正、副经理每季度考核一次；以年度考核时间：当年的 11 月 1 日至次年的 10 月 31

续表

日为基准，进行月、季度考核；季度考核从当年的11月开始计，每3个月为一个季度。

为提高绩效考核的透明度，每月、每季度或每年度公布考核结果的时间为：每月5日前公布上月度考核结果，每年的2、5、8、11月份的5日前公布上季度考核结果，每年12月15日公布上年度考核结果。

第五条 考核档案管理

考核结果由本部门自行存档，并复印一份送财务部核算绩效薪资及奖金。考核档案的保存期为两年。

第六条 绩效考核流程

员工：员工依据年初设定的目标，对个人表现进行自我评价，并将结果上报主管。

主管：主管依据员工的自我评价和绩效表现进行评估，并将结果上报上级主管。

批准：上级主管对评估结果进行批准。

确定：主管和员工进行沟通，最终确定当年绩效考核等级。

公布：公布绩效考核结果，发放绩效薪资。

第三部分 考核结果的应用

第一条 考核结果等级分布

本部门根据公司《员工绩效考核实施办法》规定，结合部门管理情况，将考核结果等级分布细化为以下五个等级：

续表

等级	A	B	C	D	E
考分数段	90~100	80~89	70~79	60~69	0~59
意义	优秀	良好	称职	基本称职	不称职
分布比例	5%	60%	20%	10%	5%

考核结果A、B、C、D、E比例控制在1：12：4：2：1范围内，在计算考核结果等级各级别人数时采取四舍五入法。

第二条 绩效提升

1. 本部门全体管理人员应以工作岗位要求为基准，结合自身考核情况，根据工作实际，认真、有效地制订工作计划，积极参与绩效考核，发现工作中的不足之处，提出绩效改进计划，并采取自主学习或参加培训等方式，努力提高自身素质，提高工作效率，提升工作绩效。

2. 工作计划有变动的，要及时对其进行调整，并报直接主管备案，以此来提升对工作的掌控能力与协调能力，使绩效工作得到更深层次的提升。

3. 考核成绩一次为D、E级者或考核成绩连续三次为C级者，须填写《绩效改进计划表》制订书面改进计划，由部门主管或部门经理与其进行绩效面谈并提出绩效改进方案，若仍无改进将予以培训或调岗。

4. 员工绩效考核评定结果将作为评选"五好员工""五好员工标兵"、晋升或岗位轮换的重要参考依据。

第三条 绩效薪资

根据公司绩效薪资发放要求配合执行。

第四部分　考核面谈

第一条　考核面谈主要以考核成绩为 C、D 级人员为主，由被考核者的直接主管领导进行。

第二条　考核面谈需贯穿于考核的全过程，通过考核面谈让被考核者了解自身工作的优、缺点，并对下一阶段工作的期望达成一致意见。

第三条　部门主管应指导绩效考核结果为连续三次为 C 级或一次为 D 级的人员编制绩效改进计划，并监督执行。

第五部分　考核申诉

第一条　如被考核者对考核结果有异议，可向直接主管领导提出异议，并要求主管给予答复。

第二条　若被考核者对部门主管的答复仍有异议，则可向部门上级领导提出申诉，并要求给予答复。

第六部分　附则

第一条　本细则由人力资源部制定，其解释权和修订权归人力资源部所有。

第二条　本细则自发布之日起正式实施。

执行部门		监督部门		编修部门	
编制日期		审核日期		批准日期	

3.2 绩效考核反馈

绩效考核的最后步骤就是绩效考核反馈，被考核者与考核者进行双向沟通，回顾被考核者在绩效期间内的表现，核对工作进度。针对绩效考核结果，双方共同制订员工的绩效目标改进计划，帮助员工提高绩效水平。

考核者根据考核结果给予反馈。对于按期保质保量完成工作的被考核者，可以给予奖金或提薪；对于没有达到绩效指标的被考核者，可以做出批评处理或一定的处罚。

3.2.1 绩效面谈

绩效面谈阶段	考核者	被考核者
绩效面谈前的准备	考核者应搜集并填写好有关绩效考核的资料。	被考核者应准备可以证明自己绩效的资料、表格及个人发展计划。

续表

绩效面谈的实施	考核者与被考核者应对绩效考核的目的、目标、评估标准达成一致,再讨论被考核者的具体考核得分。	被考核者陈述自己的工作表现并初步评估,考核者应认真听取被考核者的陈述,并就问题逐项分析,争取达成一致。
绩效面谈的总结	考核者应指出被考核者工作上的不足,并与其协商制订下一阶段的绩效改进计划。	被考核者应就面谈结果进行总结。

3.2.2 绩效改进

绩效改进计划由考核者与被考核者在进行绩效面谈并得到双方认可后制订。计划内容应包括有待改进的方面、目前技能水平、期望技能水平、改进措施和达成目标的期限等。为了提高各岗位人员的工作绩效,规范绩效管理工作,完善公司绩效管理体系,不断增强公司的核心竞争力,考核者应随时跟踪改进计划的落实情况,并及时给予被考核者支持和帮助。

绩效改进与提升是绩效考核的后续工作,其出发点是提高员工的考核成绩,不能将这两个环节割裂开来进行;绩效改进与提升必须自然地融入部门日常管理工作之中,才有其存在的价值;帮助下属改进绩效、提升能力是管理人员义不容辞的责任。绩效改善与提升的工作重点包括绩效诊断、绩效改进计划的制订、绩效改进计划的实施和评价,具体可分为三个阶段,即绩效计划阶段、绩效辅导阶段、绩效考核及反馈阶段。

绩效改进的三个阶段	绩效改进三个阶段所完成的工作
绩效计划阶段	绩效考核的反馈阶段是绩效诊断与分析的阶段。绩效诊断与分析是绩效改进过程中的第一步，也是绩效改进最基本的环节，公司各级管理人员需重视本阶段的绩效改善与提升工作。考虑影响团队或个人绩效的四大因素，即知识、技能、态度、环境；考虑绩效考核工作涉及的三大因素，即员工本人、主管（直接上级）、周遭环境。
绩效辅导阶段	绩效管理人员综合搜集到的考核信息，客观、公正地评价员工，并在经过充分准备后，就绩效改进考核情况向员工进行反馈。
绩效考核及反馈阶段	考核者与被考核者实行绩效反馈面谈工作，肯定成绩，指出不足，进行充分沟通与协商，找出关键绩效问题和产生绩效问题的原因，制定双方认可的未来绩效目标和绩效改善提升措施。

3.2.3 岗位培训与指导

人力资源部在绩效考核实施过程中，负责监督和检查考核落实情况，并为考核者提供指导。

人力资源部对各部门的绩效考核工作进行培训和指导，培训内容包括使考核者与被考核者明确考核规定、解释考核内容和项目、统一考核标准、严肃考核纪律等。

制度名称	培训管理工作制度	受控状态	
		编　号	

第一部分　总则

第一条　目的

通过有效的培训，实现对人力资源的开发，使工作效能达到最优化，为未来发展提供战略性的高层次人才储备，以适应公司不断发展的需要。

第二条　适用范围

本制度适用于公司各类员工培训的管理工作。

第三条　管理职责

1. 公司人力资源部负责公司范畴内所有培训计划的编制、汇总督导工作，督导培训管理工作的落实和检查。

2. 项目部根据公司制订的年度培训计划编制本项目部的年度计划。

3. 各项目部的行政管理办公室负责所辖范围内的所有培训计划的编制、汇总督导工作，督导培训管理工作的落实和检查。

4. 各级主管领导对培训工作的执行负责。

5. 公司质量检查经理对培训工作所有质量记录负有检查责任。

第四条　术语

1. 培训教程，指公司按行政级别、专业、性质所制定的不同系列培训课程。

2. 岗位资格培训证书：指员工参加公司内部培训和具备某种任职资格的证明。

3. 培训考核率：指培训后进行考试的次数比例。

4. 培训出勤率：指应参加培训人数与实际参加培训人数的比例。

续表

第二部分 培训计划的制订

第一条 每年_____月份，各部门根据工作需要及员工发展需要提出本部门的年度培训计划，并报人力资源部。

第二条 每年_____月份，公司人力资源部下发通知，对公司各部门进行培训需求调查，各部门根据下个年度工作的需要向人力资源部上报培训需求计划。

第三条 人力资源部根据公司组织发展目标、工作要求等因素对各部门上报的培训计划进行汇总、调整、补充后，制订公司年度培训计划，并交由人力资源部总监和总经理审批。培训计划审批通过后，由人力资源部按计划执行。

第四条 对于公司有关部门的临时培训需求，各部门需要填写《培训需求申请表》，并上报至人力资源部审核。《培训需求申请表》如下：

培训需求申请表			
编 号		日 期	
申请部门		申请人	
培训需求描述	关键事件		具体目标
^			
^			
^	需求程度	□非常紧急 □比较紧急 □本月安排 □下月安排		
^	培训形式		推荐讲师	
^	部门经理意见		人力资源部意见	

续表

第三部分 培训的组织与实施

第一条 公司培训包括新员工培训和在职员工培训两种，人力资源部应根据不同的培训对象、培训需求安排适当的培训课程。公司的培训课程体系如下表所示。

<table>
<tr><th colspan="4">培训课程体系表</th></tr>
<tr><th>类别</th><th>课程</th><th>主要讲授形式</th><th>主要培训内容</th></tr>
<tr><td rowspan="7">新员工培训</td><td rowspan="2">岗前培训课程</td><td>1. 讲解</td><td>公司历史、发展、文化、产品和服务</td></tr>
<tr><td>2. 参观</td><td>内部组织结构、公司规章制度</td></tr>
<tr><td rowspan="4">岗位培训课程</td><td>1. 讲解</td><td>岗位职责及操作规程</td></tr>
<tr><td>2. 参观</td><td>本部门职责分工及行为规范</td></tr>
<tr><td>3. 操作演练</td><td>针对某一特定技术的专门培训</td></tr>
<tr><td>4. 一对一，老带新</td><td>岗位知识、技能培训</td></tr>
<tr><td rowspan="10">在职员工培训</td><td rowspan="3">专业技能课程</td><td>1. 互动研讨</td><td>研发及测试技术</td></tr>
<tr><td>2. 讲座</td><td>行业运营</td></tr>
<tr><td>3. 练习</td><td>财务知识、人力资源技能</td></tr>
<tr><td rowspan="3">管理者课程</td><td>1. 互动研讨、小组讨论</td><td>通用管理知识、财务及人力资源管理知识</td></tr>
<tr><td>2. 讲座</td><td>专业知识及技能</td></tr>
<tr><td>3. 演练习</td><td>自我管理技能</td></tr>
<tr><td rowspan="4">高级管理者课程</td><td>1. 研讨会</td><td>新型管理理念和方法</td></tr>
<tr><td>2. 模拟演练</td><td>创新与系统思维</td></tr>
<tr><td>3. 参观</td><td>战略管理、领导艺术等知识和技能</td></tr>
<tr><td>4. 继续教育</td><td>高级财务及人力资源管理知识</td></tr>
</table>

续表

第二条 公司培训以自编教材为主，适当购买教材为辅。

第三条 为提高培训质量，凡需部门提供培训资料的，各部门需编制培训教材并提交至人力资源部，再由人力资源部统一编制。

第四条 公司的培训师资主要由公司内部人员承担，以人力资源部为主，各部门配合承担部分课程的讲解为辅。

第五条 公司培训的授课方式主要采取讲解、幻灯片放映、典型案例分析、现场演示等，培训组织部门应根据课程需要选择适当的方式。

第四部分　培训考核与评估

第一条 培训项目完成后，人力资源部应于培训结束时对受训者进行调查，并通过各种形式的考核、测验来考察受训者接受培训的效果。

第二条 人力资源部搜集整理各类培训反馈资料，并在＿＿＿＿日内通知受训者所在部门，后者将通过一系列的观察测试方式，考察受训者在实际工作中对培训知识和技巧的应用及其业绩行为的改善情况。

第三条 人力资源部定期对培训工作进行检查指导和考评，及时调查和分析培训效果，为调整下一年的年度培训计划提供依据。

第五部分　培训风险管理

第一条 为防范接受培训的员工流失风险，对于公司外派培训的员工，人力资源部要根据实际情况与员工签订《培训协议书》。具体来说，需签订《培训协议书》的情况包括以下三种：

1. 培训时间超过＿＿＿＿日以上的脱产培训。
2. 培训费用超过＿＿＿＿元/次的培训。
3. 公司资助的长期业余培训。

第二条　培训费用退赔相关规定

员工在合同期内主动离职或因以下四种情形导致公司提前与员工解除劳动合同的，从公司与员工结束劳动关系之日起往前倒推一年（不足一年按实际时间核定，核定时间包括员工的试用期）期间公司为员工投入的培训费用，员工应全额退还公司。

1. 员工严重违反公司劳动纪律或规章制度、对公司造成严重影响而被公司辞退。

2. 员工因严重失职、营私舞弊，给公司利益造成损失而被公司辞退。

3. 员工因泄露公司商业秘密，给公司造成严重损失而被公司辞退。

4. 员工因不符合任职要求，经调整工作岗位或培训后仍不能任职而被公司辞退。

第六部分　培训档案管理

第一条　员工培训档案是员工个人档案的重要组成部分。人力资源部负责员工培训档案的管理工作。

第二条　员工培训档案即员工参加历次培训的相关记录，记录内容主要包括培训课程、培训地点、培训讲师、培训机构、培训业绩、个人分摊的培训费用等项目。

第三条　每次培训结束，人力资源部均应对员工参加培训后的相关记录填具《员工培训档案卡》，并经培训负责人和人力资源部经理签字后保存至员工培训档案。《员工培训档案卡》如下表所示：

姓名		性别		入职时间	
学历		专业		毕业院校	

续表

参加培训记录								
时间	课程	地点	讲师/机构	成绩	费用	所在部门	填表人	

第七部分 附则

第一条 本制度由人力资源部负责制定、解释、修订与实施。

第二条 本制度自颁发之日起开始实施。

执行部门		监督部门		编修部门	
编制日期		审核日期		批准日期	

制度名称	各级管理人员培训制度	受控状态	
		编　号	

第一部分 总则

1. 从旧观念的羁绊中解脱出来，勇于创新。
2. 解除过去经验的束缚，接受新思想、新观念，创造性地开展工作。

第二部分 高层管理人员培训

第一条 高层管理人员应具备的意识

1. 引进新产品或改良原有产品。
2. 掌握新的生产方法，了解公司的新技术。

续表

3. 努力开拓新市场、新领域。

第二条 高层管理人员要培养的素质
1. 身为高层管理者的责任心、使命感。
2. 独立经营的态度。
3. 严谨的生活态度。
4. 诚实、守信的经营方针。
5. 热忱服务社会的高尚品质。

第三条 凡本公司高层管理人员须以企业经营效益的提高为目的，培养创造利润的思想观念。

第四条 高层管理人员应随时进行市场调查研究营销方案，以推进营销活动，促进效益的提高。其中营销研究的基本步骤包括：
1. 确定研究主题，决定研究的目标。
2. 决定所需要资料及资料来源。
3. 选择调查样本。
4. 实地搜集资料。
5. 整理、分析所搜集的资料。
6. 进行总结并写出报告。

第三部分 中层管理人员培训

第一条 中层管理人员的培训目标
1. 明确公司的经营目标和经营方针。
2. 培训相应的领导能力和管理才能。
3. 培训良好的协调、沟通能力。

第二条 中层管理人员应坚持的标准
1. 为下属的工作、晋升提供足够的支持和机会。

2. 适当地分派工作，使下属有公平感。

3. 所订的计划得到下属的理解和衷心的支持。

4. 信守向下属许下的诺言。

5. 在发布命令、进行指导时，做妥善考虑。

第三条　中层管理人员应具备的条件

1. 具有相关工作的知识。

2. 掌握本公司的管理方法。

3. 熟练掌握教育培训技术。

4. 努力培养作为领导者应具备的人格。

第四条　中层管理人员应具备的能力

1. 计划能力，包括明确工作的目的和方针、掌握有关事实、以科学有效的方式从事调查、拟定实施方案等。

2. 组织能力，包括分析具体的工作目标和方针，分析并决定职务内容、设置机构、制定组织图表、选任下属人员等。

3. 控制能力，包括执行制定的客观标准和规范，严格实施标准，及时向上级反馈等。

第五条　中层管理人员应采用的指示方法

1. 口头指示，要求条理清楚，切合主题；明确指明实行的时间、期限、场所等；保证对下属传达的明确性；指出实行时应注意之处，并指明困难所在；耐心回答下属的提问。

2. 书面指示，要求明确标明目标，逐条列举要点；提前指示应注意的问题；必要时以口头命令补充；核查命令是否已被下属接受。

第六条　中层管理人员贯彻指示的要求

1. 整理指示内容。

2. 严格遵循贯彻程序。

续表

3. 确认下属已彻底理解指示。

4. 使下属乐于接受指示，并改进他们的工作态度，提高其工作积极性。

第七条　中层管理人员人际关系的处理要求

1. 善于同其他管理人员合作，彼此协助。

2. 乐于接受批评建议。

3. 彼此交换信息、情报，不越权行事。

4. 对上级与下属的关系处理应以工作效果为原则，不得将个人情绪带到工作中来。

第八条　中层管理人员接见下属的要求

1. 选择适当的场所，以亲切的态度使下属放松。

2. 涉及私人问题时确保为下属保密，使其减少顾虑。

3. 留心倾听，适当询问。

4. 应注意不要轻易承诺。

第九条　中层管理人员为维持正常的工作关系应注意

1. 认识到人是有差异的，尊重下属的人格。

2. 把握工作人员的共同心理和需要。

3. 公平对待下属，不偏不倚。

4. 培养下属的工作积极性，重视他们的意见和建议，并且对他们正确的意见保留。

5. 妥善解决下属工作和生活中遇到的问题。

第十条　中层管理人员配置人力时应注意

1. 根据每位员工的知识、能力安排合适的职位，做到人尽其才、才尽其用。

2. 给下属以适当的鼓励，使其在工作中具有成就感，形成良好的开端，增强工作的积极性。

3. 有效地实施训练，增强下属的工作能力。

续表

第十一条　中层管理人员对待下属时应注意

1. 不要对下属抱有成见和偏见。

2. 不以个人偏好衡量别人。

3. 冷静观察实际工作情况,不要使下属产生受人监视的感觉。

4. 利用日常的接触、面谈、调查,多侧面了解下属。

5. 严守下属的秘密。

6. 公私分明。

第十二条　中层管理人员发挥下属积极性应注意

1. 适时对员工加以称赞,即使是细微行为也不要忽视,同时不可以忽视默默无闻、踏实肯干的下属。

2. 授予下属权责后,不要做不必要的干涉,同时尽可能以商量的口气而不是下命令的方式分派工作。

3. 鼓励下属提出自己的见解,并诚心接受,尊重下属的意见。

4. 鼓励并尊重下属的研究、发明,培养其创造性。

5. 使下属充分认识到所从事工作的重要性,认识到自己是不可或缺的重要一员,产生荣誉感。

第十三条　中层管理人员批评下属时应注意

1. 要选择合适的时间,要冷静,避免冲动。

2. 在适当的场所,最好是无其他人在场的情况下。

3. 适可而止,不可无端地讽刺,一味指责。

4. 不要拐弯抹角,举出事实。

5. 多激励,少批评。

第十四条　中层管理人员培养后备人选时应注意

1. 考察后备人选的判断力。

2. 考察后备人选的独立行动能力。

3. 培养后备人选的协调、沟通能力。

续表

4. 培养后备人选的分析能力。

5. 提高后备人选的责任感和工作积极性。

第四部分 基层管理人员培训

第一条 基层管理人员与公司内部各级的关系

1. 和上级的关系——辅助上级。

2. 和下级的关系——指挥监督下属。

3. 横向关系——与各部门同事互助协作。

第二条 基层管理人员的基本责任

1. 按预定工作进度、程序组织生产。

2. 保证产品的质量。

3. 降低生产成本。

第三条 基层管理人员的教育培训职责

1. 向新员工解释公司有关政策，传授工作技术，指导新员工工作。

2. 培训下属使其有晋升机会。

3. 培训候补人员。

4. 其他教育培训职责。

第四条 基层管理人员处理人际关系应注意

1. 对下关系，进行家庭调查，举行聚会、郊游，为下属排忧解难。

2. 对上关系，反映员工意见，听取上级要求，报告自己的建议和看法。

3. 横向关系，与其他部门的同事通力合作。

4. 积极开展对外活动，树立良好的公司形象，形成良好的公共关系。

第五条 基层管理人员必须具备的能力

1. 领导能力及管理能力。

2. 组织协调能力。

续表

3. 丰富的想象能力，敏锐的观察力。

4. 丰富的知识和熟练的工作技能。

第六条　基层管理人员教育培训的种类

1. 后备管理人员教育培训。

2. 培训发展计划。

3. 再培训计划。

4. 调职、晋升教育培训。

第七条　考核管理基层人员教育培训应注意

1. 出勤率。

2. 员工的工作积极性。

3. 产品的质量。

4. 原材料的节约情况。

5. 加班费用的控制。

第八条　高层管理人员和中层管理人员须授予基层管理人员合理的权力，并且进行必要的教育培训。

第五部分　附则

第一条　本制度自发布之日起开始执行。

第二条　本制度的编写、修改及解释权归人力资源部所有。

执行部门		监督部门		编修部门	
编制日期		审核日期		批准日期	

3.2.4 绩效考核结果的应用

绩效考核结果的运用范围	绩效考核结果的应用
教育培训	管理人员及培训负责人在考虑教育培训工作时，可以把绩效考核的结果作为参考资料，借此掌握教育培训的重点。
调动调配	管理人员在进行工作调配或岗位调动时，应该考虑被调动者的绩效考核结果，分析长短利弊，把握员工适应能力、发展潜力等。
晋升	管理人员对员工进行晋升考核时，可将员工历史绩效考核成绩作为考核资料加以有效运用。
提薪	管理人员应参照员工的绩效考核结果，决定提薪的幅度。
奖励	管理人员根据员工达成工作目标的情况及员工所做的贡献等，决定奖励的分配。

3.2.5 绩效面谈实施细则

制度名称	绩效面谈实施细则	受控状态	
		编　　号	
执行部门		监督部门		编修部门	

第一部分　总则

第一条　目的

1. 充分发挥各部门负责人在绩效管理工作中的指导、支持作用，使绩效管理工作的开展更加规范、高效。

2. 掌握员工工作执行过程中出现的问题以及员工发展的需要，制订有针对性的培训计划。

3. 通过向员工反馈工作执行情况和执行结果，为员工创造了解自身优缺点的机会，培养员工以自我认知为基础的自我发展态度。

4. 帮助员工设定自我发展目标，加深员工对工作的关心，培养员工的责任感。

5. 保持公司与员工的良好沟通，从而形成公司良好的协调、沟通氛围。

第二条　适用范围

本细则适用于公司所有员工的绩效反馈与面谈工作。

第三条　各部门的管理职责

1. 人力资源部负责公司绩效面谈的组织实施与培训指导工作。

2. 被考核者的上级主管在人力资源部的协助、监督下，与被考核者进行绩效面谈。

第四条　绩效面谈的原则

1. 直接、具体的原则。面谈交流要直接而具体，不能做泛泛的、抽象的、一般性的评价。

2.互动原则。面谈是一种双向的沟通,为了获得对方的真实想法,上级主管应当鼓励员工多说话,让其充分表达自己的观点。

3.基于工作的原则。绩效面谈中涉及的是工作绩效,是工作的一些事实表现,面谈的内容应该为员工是怎么做的,采取了哪些行动和措施,效果如何,而不应该讨论员工个人的性格。

4.分析原因原则。绩效面谈需要指出员工的不足之处,但不需要批评。面谈应立足于帮助员工改进不足之处,指出绩效未达成的原因。

5.互相信任原则。绩效面谈是上级主管与员工进行双向沟通的过程,双方若要达成理解、达成共识,就必须建立互相信任的关系。

第二部分　绩效面谈的内容划分与组织实施

第一条　绩效面谈内容

绩效面谈包括绩效计划面谈、绩效指导面谈和绩效反馈面谈,在不同的面谈类别中,面谈的内容也是不同的。具体如下表所示:

面谈类型及面谈内容

面谈类型	面谈实施	面谈时间	面谈重点
绩效计划面谈	在工作的初期,上级主管与员工就本期内绩效计划的目标、内容,以及实现目标的措施、步骤和方法进行面谈。	工作的初期	业绩目标、工作内容、实施步骤和方法。
绩效指导面谈	在绩效管理活动的过程中,根据员工不同阶段的表现,上级主管与员工围绕思想认识、工作程序、操作方法、新技术应用、新技能培训等方面的问题进行面谈。	绩效管理活动的过程中	工作态度、工作能力、所需技能、遇到的困难及解决办法。

续表

绩效反馈面谈	在整项考核工作完成之后,上级主管根据员工绩效计划的贯彻执行情况及其工作表现和业绩进行全面回顾、总结和评估,并将考核结果及相关信息反馈给员工。	整项考核工作完成之后	工作业绩、工作表现、改进措施、新的目标。

第二条 考核者绩效面谈的准备

1. 上级主管应提前确定面谈的时间和地点,并告知员工。

2. 上级主管应提前准备好面谈资料,如员工评级表、员工的日常表现记录、岗位说明书、薪金变化情况等资料,并告知员工准备相关的面谈资料。

3. 上级主管应事先了解员工的个性特点,以及自己管理或沟通方面的能力限制。

4. 上级主管应详细阅读员工的《自我评价表》,了解员工需要讨论和指导的行为事宜。

5. 上级主管应事先拟定好面谈程序,计划好如何开始、如何结束,面谈过程中先谈什么,后谈什么,以及各阶段的时间分配。

第三条 被考核者绩效面谈的准备

1. 员工应提前填写《自我评价表》。员工要客观地做好自我评价,这样便于与主管考核结果达成一致,有利于面谈的顺利进行,以及个人发展目标的切实制定。

2. 员工应提前准备好个人的发展计划。面谈时提出个人发展计划,有利于上级主管有针对性地进行下期的工作安排。

3. 员工应提前准备好向上级主管提出的问题,这一过程是员工改变上级主管对自己评价和下期计划的关键时刻。

4. 员工应提前安排好自己的工作,避免因进行面谈而影响正常的工作。

续表

第四条 绩效面谈的实施

1. 上级主管应营造一种和谐的面谈气氛。

2. 上级主管应说明面谈的目的、步骤和所用时间。

3. 上级主管根据预先设定的绩效指标谈论员工的工作完成情况,并分析其成功与失败的原因。

4. 双方讨论员工的行为表现与公司价值观相符的情况,以及员工在工作能力上的强项和有待改进的方面。

5. 双方为员工下一阶段的工作设定目标和绩效指标,并讨论员工需要的资源和帮助。

6. 双方经协商达成一致意见后签字确认。

第五条 确定绩效面谈结果

1. 上级主管设定员工下阶段工作改进计划及时间表。

2. 依公司管理制度,上级主管对员工晋升、调薪或调职提出合理建议。

第六条 绩效面谈的工作技巧和注意事项

面谈人员在绩效面谈过程中,需要掌握的技巧及需要明确的注意事项如下表所示:

绩效面谈工作技巧与注意事项

序号	面谈阶段	工作技巧与注意事项
1	面谈前的准备阶段	(1)需预先安排合适的时间、场所,给员工一种平等、轻松的感觉。 (2)材料准备充分,并在面谈前做到心中有数,不至于在面谈时手忙脚乱、尴尬冷场。
2	暖场阶段	(1)创造轻松、融洽的气氛,让员工心情放松。 (2)设计一个缓冲带,时间不宜太长,可以先谈谈工作以外的其他事。

续表

3	员工自评阶段	（1）认真倾听员工的解释，撇开偏见，控制情绪，耐心听取员工讲述。 （2）不时地概括或重复对方的谈话内容，鼓励员工讲下去，帮助其分析原因。
4	面谈人员评价阶段	（1）对业绩进行评价，指出成绩和不足。 （2）对能力进行评价，指出优势和劣势。
5	评论并确定评价结果阶段	先从共识的地方谈起，在遇到意见不一致时，不与员工形成对立，耐心沟通，并关注绩效标准及相关事实而不是其他方面。
6	针对不足制订改善计划	先让员工提出改善方案，并注意计划的可衡量性和可行性。
7	确定下阶段工作目标阶段	确认目标的实现期限，并注意目标的可衡量性和可行性。
8	结束阶段	给员工以鼓励并表达谢意。

第三部分 附则

第一条 本细则由人力资源部制定，其解释权和修订权归人力资源部所有。

第二条 本细则自发布之日起正式实施。

编制日期		审核日期		批准日期	
修改标记		修改处数		修改日期	

3.2.6 绩效面谈记录表

绩效面谈记录表			
编号：		日期： 年 月 日	
面谈员工姓名		岗　位	
部门		考核期	
面谈内容			信息记录
1. 您在上一工作阶段中，取得了哪些成绩？			
2. 您工作中有哪些需要改进的地方？			
3. 是否需要接受一定的岗位培训？			
4. 您认为自己的工作在本部门和公司处于什么状况？			
5. 您对本次考核有什么意见或建议？			
6. 您认为本部门员工谁的工作表现比较好？			
7. 您下一步的工作计划是什么？			
……			
面谈实施者签字＿＿＿＿＿＿＿＿＿			
备注			

3.3　绩效考核考评体系

在每次考核结束之后必须举办考核总结会，总结经验教训，使员工绩效得到持续改进。

绩效考核结果由人力资源部门员工统一收集整理，并交被考核者核对再递交考核者。考核者则依据绩效考核目标对被考核者在考核期间内的工作效率、工作进度、工作完成度等进行考核。各部门负责人按照考核要求，对自己和下属的工作表现及计划目标的达成情况进行记录和评定，按期上交至人力资源部。

一般被考核者的绩效考核标准，由各部主管领导根据所管辖岗位或职务的工作职责书，在人力资源部的配合下制定出相应的考核标准细则。

3.3.1 年终考核的方法和规定

绩效考核规定	备注
实施过程中应注意考核的公正性和客观性。	
学会考核表格的制作。	
建立考核申诉委员会,受理员工申诉。	
建立考核稽查小组,监督各部门绩效考核的实施情况,确保绩效考核方案顺利、有序、高效地推行。	

3.3.2 被考核者绩效等级确定

员工考核评定分为 A、B、C、D、E 五个等级。公司可以依据考核的结果评定等级,然后制定相应的政策。比如,对工作表现优异者,予以适当鼓励或奖励;对于工作表现平庸者,予以规劝,帮助员工尽快改善。

人力资源部根据各部门提交的《岗位考核评分表》计算出被考核者的最终得分,并确定其最终等级,具体等级划分表如下:

考核等级划分表		
等 级	分 数	比例分配
A 等	90分以上,年度考核成绩在85分以上。	A 等占考核总人数的5%
B 等	80~89分,年度考核成绩在80分以上。	B 等占考核总人数的60%

续表

C 等	70~79 分，年度考核成绩在 70 分以上。	C 等占考核总人数的 20%
D 等	60~69 分，年度考核成绩在 60 分以上。	D 等占考核总人数的 10%
E 等	60 分以下，年度考核成绩未满 60 分。	E 等占考核总人数的 5%

注：1. 考核等级分配比例不做硬性规定，但是 A 等和 E 等的比例均不能超过 5%；曾受任何一种惩戒；迟到或早退累计扣分 10 分以上者；请假超过限定日数者；旷工一天以上者，不得列入 A 等。

2. 在年度内曾受记过以上处分者，迟到或早退累计 20 次以上者，旷工两日以上者，不得列入 A–C 等。

A	优秀	实际业绩显著超过预期计划、目标或岗位职责分工的要求，在计划、目标或岗位职责、分工要求所涉及的各个方面都取得非常突出的成绩。
B	良	实际业绩达到或超过预期计划、目标或岗位职责分工的要求，在计划、目标或岗位职责、分工要求所涉及的主要方面取得比较突出的成绩。
C	合格	实际业绩基本达到预期计划、目标或岗位职责分工的要求，既没有突出的表现，也没有明显的失误。
D	需改进	实际业绩未达到预期计划、目标或岗位职责分工的要求，在很多方面或主要方面存在着明显的不足或失误。
E	不及格	实际业绩远未达到预期计划、目标或岗位职责分工的要求，在很多方面或主要方面存在着重大的不足或失误。

3.4 绩效申诉

3.4.1 绩效考核申诉条件

在绩效考核过程中，员工如认为受不公平对待或对考核结果感到不满意，有权在考核期间或公示考核结果 7 个工作日内直接向人力资源部申诉，逾期视为默认考核结果，不予受理。

3.4.2 绩效考核申诉形式

员工向人力资源部呈交《绩效考核申诉表》，人力资源部负责将员工申诉统一记录备案，并将员工申诉报告和申诉记录提交人力资源部经理。

3.4.3　绩效考核申诉处理

1. 人力资源部在接到申诉后 5 个工作日内向员工做出是否受理的答复，对于无客观事实依据、仅凭主观臆断的申诉不予受理。

2. 人力资源部对员工申诉的内容进行调查，发现情况属实，需要与部门负责人、当事人进行沟通、协调，如果不能协调的，呈报主管副总或总经理处理。

3.4.4　绩效考核申诉章程

制度名称	绩效考核申诉章程	受控状态	
		编　　号	
执行部门		监督部门		编修部门	

第一部分　总则

第一条　目的

1. 全面、客观、公正地评议各部门及其人员的工作表现、工作实绩。

2. 拓宽监督、评议的渠道，公司全员共同参与，增加绩效考核工作的透明度。

3. 使绩效考核工作更加民主化、科学化、规范化。

4. 为了确保绩效考核质量，保障员工的合法权益，对有偏差的绩效考核及时纠正。

5. 加强企业文化建设，构建互相促进、良性竞争、和谐向上的工作氛围。

续表

第二条 适用范围

本制度适用于公司各部门所有岗位人员的绩效考核。

第三条 工作原则

1. 坚持客观公正、公开、竞争择优、注重实效的原则。
2. 坚持考核与评议、申诉管理相结合的原则。
3. 坚持考核标准设定的可比性、可操作性,便于评估和核实。
4. 分级负责的原则。
5. 加强协作的原则。

第四条 绩效考核工作小组的组成

公司设绩效考核工作小组,公司总经理任组长,主管副总为副组长,各部门经理为成员,全面负责各时期的绩效考核工作。

第二部分 绩效评议的内容及方法

第一条 评议内容

公司考核评议工作将结合年度考核,在全面考核员工绩效的基础上,重点评议员工特别是基层、中层管理人员的工作作风、工作能力和工作实绩。

第二条 分级评议

公司考核评议工作根据部门职能和管理权限,实行分级分类考核,考核中要注重上下结合与内外结合。

第三条 分阶段评议

考核评议工作分为平时考核评议、年度考核评议。

1. 平时考核评议由人力资源部牵头,绩效考核工作小组监督,其他部门配合,根据工作纪律及日常表现进行,考核结果要有明确记录。
2. 年度考核评议工作由公司统一组织,绩效考核工作小组负责,以平时考核评议为基础。

续表

第三部分 考核评议的程序

第一条 自查并修正

部门和个人根据实际情况，对照考核管理目标及考核评议内容进行自查，写出总结和述职报告，接受上级领导和其他员工的评议和监督。

第二条 民主、公正评估

在自查的基础上，考核评议小组负责组织各部门及员工进行述职，同时其他员工进行评议。

1. 一般工作人员在本部门进行述职，由部门其他员工评议。

2. 部门负责人在一定范围内（一般为业务关联部门或部门员工）进行总结、述职，其他员工评议。

第三条 公司范围内调查评估

考核评议小组通过调查、访问、征求意见、举报箱、公示栏等形式，广泛征询公司各方面尤其是评议对象的意见和建议。公司考核评议工作监督电话为：_____。

第四条 综合评定

考核评议小组根据平时考核、述职及民主评估等情况对各部门及个人进行综合评定，确定考核等级。

1. 一般人员由部门考核小组写出评语，提出考核等级，报考核评议小组审核。

2. 部门和部门负责人由主管领导写出评语，提出考核等级，由考核评议小组审查、总经理审批。

第四部分 评议结果管理与工作整改

第一条 评议结果公布

考核评议结果由人力资源部通知部门及本人，并存入档案。

第二条 考核评议结果划分

1. 部门考核评议结果分为优秀、良好、称职、基本称职和不称职五个等级。

续表

2.员工考核评议结果分为优秀、良好、称职、基本称职和不称职五个等级。

第三条 评议结果奖惩

1.评议结果为"优秀"的部门或员工，给予通报表彰，公司宣传、推广其工作经验和做法。

2.评议结果为"不称职"的部门或员工，公司提出整改意见，限期整改并予以通报批评。

第四条 整改与督导

1.对存在问题且具备整改条件的，相关负责人要立即进行整改。

2.当时不具备整改条件的，相关负责人要做出合理解释，待条件成熟时再进行整改。

3.整改情况以公告、座谈会等方式反馈，与会人员包括考核评议小组、人力资源部及责任部门人员。

第五条 责任追究

对在考核和评议中存在的严重问题未整改或整改不力的，按责任追究相关部门或人员的责任。

第六条 异议处理

各部门及个人对考核评议结果如有异议，可在接到考核评议结果通知之日起10日内，以书面形式向考核评议小组申请复核，复核意见经考核评议小组批准后以书面形式通知本人。

第七条 考核评议工作审核备案

公司建立考核评议工作审核备案制度，年度考核评议结束后，部门要将考核结果和工作总结按要求报人力资源部，进行审核备案。

续表

第五部分 申诉范围与条件

第一条 申诉范围

在绩效考核过程中,员工可对以下方面进行申诉。

1. 对自己的考核结果不满或者有异议的。

2. 对自己的考核过程不满或者有异议的。

3. 对他人的考核结果不满或者有异议的。

4. 考核者考核操作不规范的。

第二条 申诉方式

员工可采取匿名或者实名的方式进行申诉。

第三条 申诉途径

1. 员工可直接向人力资源部提交申诉书进行申诉。

2. 员工也可通过公司公布的申诉电话和申诉信箱进行申诉。

第六部分 申诉流程

第一条 申诉有效期

申诉有效期为绩效考核沟通结束后的5个工作日内,遇节假日顺延。

第二条 提交申诉

员工如对考核结果不满,可以采取书面形式向人力资源部提交《绩效考核申诉表》,员工应将申诉人姓名、部门、申诉事项、申诉理由填写清楚。

第三条 申诉受理

1. 受理的申诉事件,由人力资源部作为独立的第三方向申诉者直接上级的上级领导、申诉者的直接上级和申诉者本人了解情况,对员工申诉的内容进行调查核实。

2. 人力资源部将根据核实结果,与该员工所在的部门经理、员工本人三方共同协商并寻求解决纠纷的办法。

3. 若三方达成一致协议，进行签字确认，人力资源部将申诉解决结果报人力资源部总监审批。

第四条 二次申诉

1. 若三方仍未达成一致协议，员工可进行二次申诉。二次申诉由人力资源总监负责处理。

2. 在二次申诉中，三方若达成一致协议，申诉解决结果由人力资源总监报总经理审批。

第五条 申诉的回复

如遇匿名申诉无法直接回馈申诉人受理及处理情况的，以月申诉汇总公告表的方式公告回复申诉人。

第七部分 申诉相关事项说明

第一条 申诉期内考核结果的效力

员工对绩效考核结果不满而提出申诉的，申诉期间，原考核结果及处理决定依然有效，相关部门必须按规定执行。

第二条 申诉的驳回

员工申诉过程中出现以下行为，人力资源部将驳回申诉，并视影响程度对申诉人员予以处理。

1. 无适当理由，超过申诉期限的。
2. 对于申诉事项无客观事实依据，仅凭主观臆断的。
3. 故意捏造事实，诬陷他人的。
4. 其他违背申诉公平的行为。

第三条 对申诉人的保护

任何人不得以任何借口对申诉人进行打击报复。如发现对申诉人进行打击报复的，公司将依制度严惩相关人员。

续表

第四条 保密规定

对于泄露、散布申诉事件或者申诉人的相关信息，造成不良影响或申诉人受到报复的，应给予信息泄露人相应的处罚。将造成严重后果者（如恶性报复、打架滋事等）送公安机关处理。

第八部分 附则

第一条 本制度由人力资源部制定，其解释权和修订权归其所有。
第二条 本制度自发布之日起正式实施。

编制日期		审核日期		批准日期	
修改标记		修改处数		修改日期	

3.5 绩效改进制度

3.5.1 绩效改进章程

制度名称	绩效改进章程	受控状态	
		编　号	

第一部分　总则

第一条　目的

为了提高各岗位人员的工作绩效，规范绩效管理工作，完善公司绩效管理体系，不断增强公司的核心竞争力，依据公司绩效管理制度，特制定本办法。

第二条　适用范围

本办法适用于公司所有人员的绩效改进与提升的相关工作事项。

第三条　绩效改进与提升的指导思想

1. 绩效改进与提升是绩效考核的后续工作，其出发点是提高员工的考核成绩，不能将这两个环节割裂开来进行。

2. 绩效改进与提升必须自然地融入部门日常管理工作之中，才有其存在的价值。

3. 帮助下属改进绩效、提升能力是管理人员义不容辞的责任。

续表

第四条 绩效改善与提升的工作重点

绩效改善与提升的工作重点包括绩效诊断、绩效改进计划的制订、绩效改进计划的实施和评价,具体可分为三个阶段,即绩效计划阶段、绩效辅导阶段、绩效考核及反馈阶段。

第二部分 考核及反馈阶段的绩效改善与提升

第一条 绩效考核及反馈阶段是绩效诊断与分析的阶段。绩效诊断与分析是绩效改进过程中的第一步,也是绩效改进最基本的环节,公司各级管理人员需重视本阶段的绩效改善与提升工作。

第二条 绩效管理人员综合搜集到的考核信息,客观、公正地评价员工,并在经过充分准备后,就绩效改进考核情况向员工进行反馈。

第三条 考核者与被考核者实行绩效反馈面谈工作,肯定成绩,指出不足,进行充分沟通与协商,找出关键绩效问题和产生绩效问题的原因,制定一致的未来绩效目标和绩效改善提升措施。

第四条 绩效问题诊断的分析角度

1. 考虑影响团队或个人绩效的四大因素,即知识、技能、态度和环境。
2. 考虑绩效考核工作涉及的三大因素,即员工本人、主管(直接上级)、周遭环境。

第五条 绩效改进工作重点及措施如下表所示。

绩效改进工作要点及措施		
绩效分类	不易改变	容易改变
急需改进	将其列入长期改进计划,或者与绩效薪酬一同进行。	最先做
不急需改进	暂时不列入改进计划	第二选择(有助于其他困难的绩效改进)

续表

第六条　解决绩效问题的方法

1. 员工：向主管或有经验的同事学习，观摩他人的做法，参加公司内外的有关培训及相关领域的研讨会，阅读相关书籍，选择某一实际的工作项目，在主管的指导下进行训练。

2. 经理或主管（直接上级）：参加公司内外关于绩效管理、人员管理等方面的培训，向公司内有经验的管理人员学习，向人力资源管理专家咨询等。

3. 公司环境：适当调整部门内人员分工或进行部门间人员交流，以改善部门内的人际关系氛围，在公司资源允许的情况下，尽量改善工作环境和工作条件。

第七条　绩效考核反馈时，无论被考核者是否认可考核结果，都必须在考核表上签字。签字不代表被考核者认可考核结果，只代表被考核者知晓考核结果。

第八条　被考核者如果对绩效考核结果不认可，可进行绩效申诉，具体请参考公司制定的绩效评议与申诉制度。

第九条　面谈时，需及时掌握培训需求，考核者与被考核者可制定有针对性的培训措施，在人力资源部的协助下开展培训。

第三部分　绩效改进计划阶段的绩效改善与提升

第一条　制订绩效改进计划

在这一阶段，各部门经理应与员工进行充分的沟通，就绩效目标达成共识，具体包括以下内容。

1. 员工的基本情况、直接上级的基本情况，以及该计划的制订时间和实施时间。

2. 上周期的绩效评价结果和绩效反馈情况，确定需要改进的方面，明确需要改进和发展的原因。

3. 明确员工现有绩效水平和经过改进之后的绩效目标。

4. 针对存在的问题制订合理的绩效改进计划或方案等。

第二条　拟订绩效改进计划的注意事项

1. 计划内容要有实际操作性，即拟订的计划内容需与员工待改进的绩效工作相关联，且可以实现。

续表

2. 计划要获得管理人员与员工双方的认同，即管理人员与员工都应该接受这个计划并保证实现它。

3. 符合 SSMART 原则，即绩效改进计划要满足具体、可衡量、可达到、相关联、有时限性五点要求。

第三条 在绩效改进过程中可使用《绩效改进计划表》进行具体的绩效改进计划工作。

第四部分　绩效辅导阶段的绩效改善与提升

第一条 绩效辅导阶段即绩效改进计划的实施与评估阶段，管理人员应该在考核周期内，通过绩效监控和沟通，实现对绩效改进计划实施过程的控制。

第二条 绩效管理人员需监督绩效改进计划能否按照预期进行，收集、整理绩效过程中的问题，记录绩效改进实际工作情况，及时修订和调整不合理的改进计划。

第三条 各部门应注重在部门内建立、健全"双向沟通"机制，包括周/月例会制度，周/月总结制度、汇报/述职制度、观察记录制度、周工作记录制度等。

第四条 绩效管理人员对于被考核者的绩效改进方面的问题，应及时、准确地记录在《绩效改进计划表》中。

第五条 公司需通过前后两次绩效考核结果对绩效改进计划的完成情况进行评价，如果员工在后一次的绩效评价中有显著提高，在一定程度上说明绩效改进计划取得了一定的成效。

第五部分　附则

第一条 本办法由人力资源部制定、解释和修订。

第二条 本办法自发布之日起正式实施。

执行部门		监督部门		编修部门	
编制日期		审核日期		批准日期	

3.5.2　绩效改进计划表

绩效改进计划表				
编号：		日期：_____年_____月_____日		
姓　名		所在岗位		所属部门	
直接上级		考核期		考核结果	
1. 绩效不符合工作标准描述					
2. 原因分析					
3. 改善目标及措施					
4. 改进措施记录					
5. 改进效果评价及后续措施					
被考核者签名		直接上级签名		部门负责人签名	
面谈实施者签字				
备　注				

第 4 章

基于绩效考核的薪酬设计

4.1 薪酬管理制度

绩效考核的应用重点在薪酬和绩效的结合上。薪酬与绩效在人力资源管理中，是两个密不可分的环节。在设定薪酬时，一般将薪酬分解为固定薪资和绩效薪资，绩效薪资正是通过绩效予以体现，而对员工进行绩效考核的结果也必须要表现在薪酬上，否则绩效和薪酬都失去了激励的作用。每年绩效考核分为月度、季度、半年、年度考核四种周期形式，半年考核及年终考核均须形成分数和绩效考核等级。绩效考核结果与薪酬调整挂钩。

一般的薪酬管理制度皆遵循以下流程：

1. 制定企业的薪酬原则与薪酬战略。
2. 结合企业战略目标，对员工的工作职责进行工作分析。
3. 对员工的工作成果进行工作评价。
4. 厘定企业薪酬结构。
5. 对同类企业进行市场薪酬调查。
6. 确定岗位薪酬水平。
7. 进行薪酬评估与控制。

4.1.1 薪酬管理制度应遵循的原则

薪酬管理制度建立应遵循的原则	说明
公平性原则	外部公平性、内部公平性、个人公平性。
竞争性原则	与同地区、同行业、同等要求、同等职位相比，薪酬福利具有竞争力。
激励性原则	结构和指标比较合理，能最大限度调动广大员工的积极性。
经济性原则	按"所产生的价值比成本更重要"的原则，用最少的钱办最多的事。
合法性原则	符合《中华人民共和国劳动法》和其他相关法律法规。
简单实用性原则	企业总部主要采用岗位职能等级薪资制，并附以生产经营实际需要的其他薪资分配办法。
薪资制度的制定与公司的发展阶段相联系	实践表明，公司处于不同的发展阶段，采取的薪资制度往往有所不同。 在公司的初创阶段，由于资金需要量大而没有固定的现金流入，这时公司的薪资制度往往定得较松，但薪资水平通常很低，一般由于员工少，大家都是为了公司的壮大而努力。在创业阶段，大家往往不讲报酬。 在公司的成长阶段，支出费用迅速增加，但收入也是持续增加，这时公司的薪资制度开始较为详细地制定，而且常常将员工的工作业绩与薪资相结合，采用"底薪+提成"的方式。 在公司的成熟阶段，公司的收入与支出较为稳定，这时公司的薪资制度已日渐成熟完善，并针对不同员工的不同工作实行不同的薪资制度。

4.1.2 薪酬管理制度章程

制度名称	薪酬管理制度章程	受控状态	
		编　号	
执行部门		监督部门		编修部门	

第一部分　总则

第一条　目的

为体现公司"任人唯贤""德才兼备""公开、公平、公正"的纳贤机制，以及"事业留人、待遇留人、感情留人、环境留人、信用留人"的留人机制，切实建立起一套"选人、育人、用人、留人"的人力资源管理体系，激发起各级干部员工勤奋工作和学习创新的热情，充分实现激励和约束相结合的目的，特制定本薪资制度。

第二条　遵循原则

1. 公平性原则：外部公平性、内部公平性、个人公平性。

2. 竞争性原则：与同地区、同行业、同等要求、同等职位相比，薪酬福利具有竞争力。

3. 激励性原则：结构和指标比较合理，能最大限度调动广大员工的积极性。

4. 经济性原则：按"所产生的价值比成本更重要"的原则，用最少的钱办最多的事。

5. 合法性原则：符合《中华人民共和国劳动法》和其他相关法律法规。

6. 简单实用性原则：集团公司总部主要采用岗位职能等级薪资制，并附以生产经营实际需要的其他薪资分配办法。

第三条　制定依据

1. 依据公司的历史、现状和未来战略发展定位的需要。

续表

2. 依据同行业、同地区、同等职位的薪酬福利水平。

3. 依据员工付出劳动量的大小。

4. 依据职务的高低。

5. 依据技术与训练水平的高低。

6. 依据工作的复杂程度。

7. 依据年龄与工龄。

8. 依据劳动力和人才市场的供求状况。

第四条　适用范围

本方案适用于企业内部全体员工及下属公司的高层管理人员，但特殊岗位需另行制定的除外。

第五条　管理机构

1. 本方案由公司人力资源部负责制定、实施、调整、修改、解释。

2. 如遇公司重大的年度调薪、年度效益奖金分配等问题时，需由人力资源部牵头成立薪资管理委员会共同处理。

3. 在日常薪资核算中，由人力资源部负责员工出勤统计及考勤卡收发，行政办负责打卡管理及打卡钟管理，财务部负责薪资计算。

第二部分　薪酬福利管理

第一条　薪资结构

1. 基本薪资：由岗位职能等级薪资、学历薪资、技能薪资、工龄薪资、特聘薪资组成。

2. 津贴：由电话津贴、夜班津贴、兼职津贴组成。

3. 奖金：由全勤奖金、绩效奖金、效益奖金组成。

4. 超时薪资：加班费。

第二条　基本薪资

1. 集团总部职务体系如下：各职务体系的员工除在本职务体系内可晋升外，也可晋升为主管职务体系。

续表

（1）主管职务体系：总裁、副总裁；总裁助理、总监、下属公司总经理；副总监、下属公司副总经理；经理（行政办主任）、厂长、总经理助理；副经理（行政办副主任）、副厂长；部门经理；分管主任；组长；班长；员工。

（2）技能职务体系：高级会计师、高级工程师；会计师、工程师；助理会计师、助理工程师。

（3）事务职务体系：高级秘书、秘书。

（4）技术工种职务体系：高级技师、技师、技工。

2. 集团总部确定岗位职位等级共11个级别。

（1）第一层级：总裁。

（2）第二层级：副总裁。

（3）第三层级：总裁助理、集团总监、下属公司总经理。

（4）第四层级：副总监、下属公司副总经理。

（5）第五层级：部门经理、办公室主任；下属公司厂长；下属公司总经理助理。

（6）第六层级：部门副经理、副主任；下属公司副厂长。

（7）第七层级：集团主管级、高级工程师、高级会计师。

（8）第八层级：分管主任级、公司专员级、工程师、会计师、高级秘书、高级技师。

（9）第九层级：助理工程师；助理会计师；秘书；技师；组长。

（10）第十层级：班长、技工。

（11）第十一层级：普通员工。

3. 各职务体系对应的岗位基本薪资规定如下：

（1）岗位职能等级薪资：每一岗位均根据岗位所处级别及岗位固有特点给予固定薪资，同一级别因岗位的工作性质不同及工作复杂程度的不同设置高、中、低三个等级。

以下为参考数据：

续表

级别	一级	二级	三级	四级	五级	六级
级别薪资（高）	60000元	30000元	14000元	7000元	5000元	3000元
级别薪资（中）	50000元	25000元	13000元	6000元	4000元	2500元
级别薪资（低）	40000元	20000元	12000元	5000元	3000元	2000元

级别	七级	八级	九级	十级	十一级
级别薪资（高）	2500元	1500元	1200元	900元	800元
级别薪资（中）	2000元	1250元	1000元	800元	700元
级别薪资（低）	1500元	1000元	800元	700元	600元

（2）技能薪资：根据员工在本岗位工作的工作经验、工作技能共同确定。员工技能薪资的等级由人力资源部及用人单位根据员工的实际情况确定。

技能等级	高级	中级	初级	技术员
技能薪资	1000元	800元	600元	400元

（3）学历薪资：按员工的学历情况确定。

技能等级	博士（含双硕士）	硕士（含双学士）	本科	大专
学历薪资	800元	600元	400元	200元

（4）工龄薪资：以为公司服务的年限和调薪时的职位高低确定，每年的工龄薪资按当时相应级别及年度考核情况加薪。

级别	一级	二级	三级	四级	五级	六级
工龄薪资	300元/年			200元/年		

级别	七级	八级	九级	十级	十一级
工龄薪资	150元/年	120元/年	80元/年	50元/年	30元/年

续表

（5）特聘薪资。招聘公司急需的高级人员或特殊技能人员所设的特别薪资，需经总裁特别批准，数额根据洽谈商定。

第三条　基本薪资计算与调整

1. 基本薪资 = 岗位职能等级薪资 + 技能薪资 + 学历薪资 + 特聘薪资 + 工龄薪资。

2. 员工的调动、升迁、降职主要调整岗位职能等级薪资。

3. 年终考核提薪主要调整工龄薪资。

第三部分　津贴

第一条　夜班津贴

仅适用于上夜班的员工，如保安员，夜班指 0:00~8:00 时，每班每人补贴 100 元。

第二条　电讯津贴

级别	一级	二级	三级	四级	五级	六级	七级
电讯津贴	实报实销	800元	500元	400元	200元	100元

本项费用不计入薪资总额，凭单据报销，超标自付，欠标不补。特殊情况特批。

第三条　兼职津贴

被兼职位	三级及以上等级	四级	五级	六级	七级及以下等级
兼职津贴	1000元	800元	600元	400元	200元

第四条　全勤奖金

适用于部门经理及以下员工。

1. 为鼓励员工满勤工作，特设全勤奖金 100 元 / 月。

续表

2.全月病事假超过半天或以上者,扣发全部全勤奖金。

3.只要有旷工,扣发全部全勤奖。

4.中途调职者,依日数比给付。

5.中途离职者,不予给付。

6.当月累计迟到、早退3次以上者,不予给付。

第五条　绩效奖金

适合于全体人员。

1.员工绩效奖金根据月度绩效考核成绩分配。

2.员工试用期不予评定绩效奖金。

3.绩效奖金分配方案如下表。

等级	绩效考核成绩	薪资所得额
A	96~100 分	原薪资总额 ×120%
B	91~95 分	原薪资总额 ×110%
C	86~90 分	原薪资总额 ×105%
D	76~85 分	原薪资总额 ×100%
E	71~75 分	原薪资总额 ×95%
F	60~70 分	原薪资总额 ×90%
G	60 分以下（不含 60 分）	原薪资总额 ×80%

第六条　年度效益奖金

适用于企业总部人员。

1.对于工作未满半年的员工不予发放年度效益奖金。

2.对于年度工作受到 3 次（含 3 次）以上警告处分且全集团通报批评的员工不予发放年度效益奖金。

续表

3.对于年度工作受到1次(含1次)以上记过处分且全集团通报批评的员工，不予发放年度效益奖金。

4.对于年度累计旷工超过3天（含3天）的员工，不予发放年度效益奖金。

5.对于年度累计请假超过15天（含15天）的员工，不予发放年度效益奖金。

6.对于年度考核平均成绩低于70分（含70分）的员工，不予发放年度效益奖金。

7.年度效益奖金只对主管级（含主管级）以上员工发放。

8.年度效益奖金发放办法如下：

（1）公司视年度效益情况，拿出部分利润作为年度总部人员效益分配奖金。

（2）分配办法为：主管级为1股；部、办负责人级为1.5股；总监、总裁助理、组总监级为2.0股；副总裁级为2.5股；总裁级为3.0股，总股数之和除以总奖金，分别计算出每一个人员的效益奖金分配额度。

（3）年度效益奖金在次年1月薪资中发放。

第七条 年度效益奖金

适用于下属公司高层管理人员。

按目标指标完成情况进行分配，实施目标责任制的人员实行保底预支70%，完成多少拿多少，超额完成部分按20%提取作为年度效益奖金。

第五部分 其他薪资

第一条 超时薪资

1.按国家相关规定执行。即平时加班费按小时薪资1.5倍计算；休息日加班费按小时薪资2倍计算；节假日加班费按小时薪资3倍计算。

2.加班费计算以批准之加班单及考勤卡为依据。

3.部门经理及以上级别人员加班不计算加班费。

续表

第二条 业务提成

因总公司员工无市场开拓人物，因此，无此项提成，但在工作中帮助下属各公司找到业务者，按其业务提成方案由下属公司支付。

第三条 特殊情况下薪资计发

1. 有薪假期：公司按薪资标准发放。

2. 病假，当日薪资、津贴减半发放，病假半日（含半日）以上扣发当月全部全勤奖金。

3. 事假：扣发当日薪资、津贴。事假半日以上扣发当月全部全勤奖金。

4. 旷工：扣发当日薪资、津贴，扣发当月全部全勤奖金，并按规定罚款处分。

5. 迟到、早退：每迟到或早退1次罚款10元，当月迟到或早退超过3次者按旷工1天处理。

6. 新进员工工作未满5个工作日自动辞职者，不予结算薪资。

7. 连续旷工3日或1个月内累计旷工3日（含3日）以上者按自动离职处理，不予结算当月薪资。

8. 未按规定提前申办离职手续，减扣薪资，具体见《用工管理规定》。

第六部分 薪资支付

第一条 支付时间

1. 公司采用月薪制，薪资计算时间由当月1~31日。

2. 当月薪资于下月15~20日发放，如遇节假日顺延。

3. 公司因特别原因不得已延缓薪资支付的，应通知员工，并确定延缓支付的日期。

第二条 支付形式

1. 采取银行转账的形式。

2. 薪资计算时如产生小数，四舍五入取整数。

续表

第三条 支付责任

1. 薪资要求付给员工本人或受其委托的本公司员工、本人亲属，以及持有员工本人委托书的其他相关人员。

2. 公司为员工设立独立的薪资支付清单，薪资支付清单每年一张，长期保存。

3. 领取薪资时发现错误，应于发薪当月向人力资源部提出书面申请，经人力资源部重新核算纠正后于下月发薪时多退少补，过期申请者不予受理。

第四条 代扣款项

1. 个人薪资所得税。

2. 代扣五险一金（养老保险、医疗保险、失业保险、工伤保险、生育保险、住房公积金）。

3. 劳保费及团体意外保险费。

4. 员工向公司借款。

5. 违规罚款，损坏赔偿。

6. 其他应扣款项。

第五条 最低薪资标准

在员工正常到岗并完成本职工作前提下，月薪资支付总额不低于当地政府规定的最低薪资标准。

第六条 薪资提前支付

1. 员工死亡。

2. 辞职、离职。

3. 员工或其亲属患病、死亡或遭受意外灾害。

4. 其他公司认可的事由。

5. 薪资提前支付以不超过未结算薪资为准。

第七条 薪资计算

1. 应付基本薪资＝工作日数 × 基本薪资/26。（病假、事假、公假等按规定计算）

续表

2. 津贴：各项津贴按上班日数计算。

3. 奖金、提成：见上述条款规定。

4. 应补款项。

5. 应扣款项。

6. 其他。

第七部分　调薪

第一条　试用期调薪

员工试用并考核合格后，如试用期满在 15 日（含 15 日）以上者，当月薪资按调整后薪资执行；如试用期满在 15 日（不含 15 日）以后者，薪资于次日予以调整。

第二条　岗位异动调薪

1. 升迁调薪：在升迁次月予以调薪，主要调整岗位职能等级薪资。

2. 平调调薪：在调动次月予以调薪，按新岗位薪资标准执行，如新岗位薪资标准低于原薪资则不予调整。

3. 降职调薪：在降职次月予以调薪，主要调整岗位职能等级薪资。

第三条　年终普调

1. 公司原则上每年 12 月 31 日前经公司正式任用的在职员工都具有调薪资格。

2. 调薪原则上以员工的考核成绩作为薪资调整依据。

3. 调薪基数为员工所处级别之工龄薪资。

4. 按年终考核成绩调薪方法：成绩优秀者（91 分及以上）调薪额度为：岗位薪资薪资基数 ×120%；良好者（81 分及以上）调薪额度为：岗位薪资薪资基数 ×100%；合格者（71 分及以上）调薪额度为：岗位薪资薪资基数 ×80%；70 分以下者不升不降，不及格者可考虑辞退处理。特别优异者经总经理批准，可特别调整。

5. 没有达到调薪资格的范围：停职达到 6 个月以上者；服务年资未满 6 个月者；调薪当月正办理离职手续者；受处分者；考核不及格者。

第八部分　试用及新到岗人员的薪资待遇

第一条　公司新进员工薪资

公司新进人员在试用期内薪资标准按本岗位本等级薪资标准的80%以上执行或按本岗位最低薪资标准执行，具体可由人力资源部及用人单位按具体情况确定，试用考核合格予以升至岗位标准薪资。

第二条　新升迁员工的薪资

新升迁到岗人员薪资标准，按本岗位最低等级执行。

第三条　同级别转岗员工薪资

同级别转岗人员，执行原岗位薪资标准。

第九部分　薪资政策说明

第一条　岗位职能等级薪资

同一级别的岗位薪资共分高、中、低三个等级，虽然属同一级别，但由于不同岗位的工作强度不同，对岗位工作人员的要求不同，因此实际使用时要灵活处理。

1. 按年产值的大小划分大、中、小型企业：年产值5000万元以下者为小型企业；年产值5000万元~15000万元者为中型企业；年产值15000万元以上者为大型企业；对于三种类型的公司总经理，大型公司可以领取该级别的高等薪资、中型公司可以领取该级别的中等薪资、小型公司可以领取该级别的低等薪资；集团总监、总裁助理可以领取该级别的最低薪资。

2. 对于三种类型的公司副总经理，大型公司可以领取该级别的高等薪资、中型公司的常务副总＝中型公司的副总；中型公司的常务副总＝大型公司的副总。集团副总监、可领取该级别的最低薪资。

续表

3. 其他级别的岗位职能薪资视岗位和个人能力确定。

4. 技能津贴和学历津贴旨在配合集团公司建立学习型组织的战略决策，对获得一定技能和学历的员工所付出努力的一种肯定和嘉奖，旨在鼓励员工勤于学习，善于思考，努力提升自身素质，提升工作能力和水平。

5. 工龄薪资主要考虑到位公司工作了这么多年，并做出过重大贡献的老员工的利益问题，旨在激励员工树立以公司为家，长期服务公司的思想，保持员工的稳定性。

6. 年度奖金旨在激励员工勤奋工作，为公司创造更多的利润和价值；月绩效奖金旨在激励员工认真完成职责工作，以及公司或部门交给的各项任务。

第十部分　相关资料的保管

第一条 《月度考勤统计报表》

每月月初由企业人力资源部制定，经总监审批签字后，原件报财务部核算薪资并存档，复印件由人力资源部薪资管理人员存档。

第二条 《月度薪资调查报表》

每月月底前对于新进员工及薪资调整的员工统一报集团总裁审批，原件报财务部核算薪资并存档，复印件由人力资源部薪资管理人员存档。

第十一部分　附则

第一条 本方案由人力资源部负责解释、修订。

第二条 本方案经总经理批准后执行。

编制日期		审核日期		批准日期	
修改标记		修改处数		修改日期	

4.1.3 新员工薪酬管理章程

制度名称	新员工薪酬管理章程	受控状态	
		编　号	

第一部分　总则

第一条　目的

为进一步规范员工试用期薪酬管理，合理确定试用期薪资和区分不同岗位技能、知识水平、综合素质人员的岗位薪资，充分发挥各岗位人员的工作积极性和创造性，根据国家有关劳动薪资发放政策和公司内部管理制度，制定员工试用期薪资的规定，并对有关毕业前提前进入企业的在校实习生有关待遇问题做出规定。

第二条　适用范围

1.通过招聘进入本公司的试用期员工。

2.通过本公司招聘并与公司达成就业意向，在毕业前进入公司的在校实习生。

第三条　岗位类别和岗位级别

公司岗位类别分营销类、技术类、生产类、管理类、后勤类和其他类六种。定岗位类别和特征的要素主要包括知识要求、技术技能要求、劳动强度、责任、综合素质。

第二部分　新员工薪资系列

第一条　试用期薪资

1.公司根据六种薪资类别分别设六个薪资系列，根据不同的岗位级别设置

续表

不同薪级。试用期人员入职时,公司在符合《中华人民共和国劳动法》的前提下,根据任职资格和公司薪资标准确定其试用期薪资。

2. 试用期薪资主要采用固定岗位薪资。试用人员可申请某一岗位级别参加考核,岗级考核由人力资源部组织实施,由生产部门领导进行作业考核,结论需经部门经理审核,总经理审批。

3. 试用期员工不享受学历补贴。

4. 员工在试用期间,可依照公司相关规定,办理相关手续后,享受公司提供的相应待遇。

5. 对企业急需的特殊人才,试用期薪资可突破上述规定,但需经人力资源部、部门经理审核,总经理批准确定。

第二条 薪级调整

试用期满,试用考核合格,符合转正条件的,应办理转正手续,重新确定薪级。有关试用期薪资,公司将根据国家政策规定做调整。

第三部分　附则

第一条 本制度自发布之日起开始执行。

第二条 本制度的编写、修改及解释权归人力资源部所有。

执行部门		监督部门		编修部门	
编制日期		审核日期		批准日期	

4.1.4 兼职员工薪酬管理章程

制度名称	兼职员工薪酬管理章程	受控状态	
		编　号	

第一部分　总则

第一条　目的

为提高兼职员工的工作积极性，规范其薪酬支付事宜，特制定本制度。

第二条　适用范围

本制度适用于公司全体兼职员工。

第三条　薪酬体系

1. 薪资：基准内薪资和基准外薪资。
2. 基准外薪资：规定勤务时数外的加班津贴、假日勤务津贴、交通津贴。

第二部分　薪酬计算及发放

第一条　计算期间

薪酬计算期间一般以一个月的 16 日起至下月 15 日止（具体时间根据公司情况制定）。

第二条　时薪计算标准

时薪计算的基础应考虑兼职人员的职务内容、技能、经验及资历，并衡量其工作时数后决定，原则上不得低于劳动部门规定的最低薪金标准。

第三条　规定工作时数外的加班津贴

因业务上的需要，必须延长其规定工作之外的加班时间依下列规定计算支付：

1. 若因规定时间外的工作使当日的工作时间超过 8 小时以上者，其超时的工作津贴，计算公式为：时薪 ×1.5× 超过 8 小时以外之工作时数。

2. 规定工作日之外的加班津贴计算公式为：时薪 ×2× 加班时数。

3. 法定节假日加班津贴计算公式为：时薪 ×3%× 加班时数。

第四条　假日工作津贴

兼职员工于休假日返回公司执行未完成的工作时，依下列方式计算休假日工作津贴：时薪 ×1.5× 休假日工作时数。

第五条　交通津贴

兼职员工从住宅到公司上班时单程距离超过 5000 米以上者，依照公司所制定的交通津贴规定和员工的具体情况支付相应的津贴。

第六条　支薪日期

薪资于每月 25 日支付，如果遇到支薪日适逢节假日时，则应提前一日发放。

第七条　支付方式

薪金须以现金或银行卡方式交付本人。

第八条　薪资扣除

一般来说，兼职员工的薪资扣除包括个人所得税和其他应扣费用，支付薪资时由公司代扣代缴。

第九条　奖金支付时间

奖金支付时间视公司的营业额增长比例确定，一般于每年 7 月、12 月定期发放。

第十条　奖金支付标准

续表

第三部分 附则 第一条　本制度自发布之日起开始执行。 第二条　本制度的编写、修改及解释权归人力资源部所有。

执行部门		监督部门		编修部门	
编制日期		审核日期		批准日期	

4.2 绩效考核与薪酬管理制度

4.2.1 薪酬结构

薪酬组成部分	薪酬组成内容
基本薪资	基本薪资为员工基础保证薪资，由岗位职能的等级薪资、学历薪资、技能薪资、工龄薪资、特聘薪资组成。基本薪资＝岗位职能等级薪资＋技能薪资＋学历薪资＋特聘薪资＋工龄薪资。
津贴	由电话津贴、出差津贴、兼职津贴等组成。
奖金及业务提成	奖金是指公司根据阶段经营业绩达成，以各岗位员工的贡献程度加发的鼓励性项目。由全勤奖金、绩效奖金、效益奖金组成。

续表

超时薪资	加班费。按国家相关规定执行。即平时加班费按小时薪资 1.5 倍计算；休息日加班费按小时薪资 2 倍计算；节假日加班费按小时薪资 3 倍计算。 加班费计算以批准之加班单及考勤卡为依据。
年终奖	根据员工一年的工作成果、工作能力进行发放。
员工福利	员工福利包括节假日奖金、五险一金缴纳、房补、餐补等。

4.2.2 高层管理人员薪酬标准

高层管理人员薪酬构成	薪酬标准
基本年薪	基本年薪是高层管理人员的一个稳定收入来源，它是由个人资历和职位决定的。该部分薪酬应占高层管理人员全部薪酬的 30%~40%。 薪酬水平由薪酬委员会确定，确定的依据是上一年度的企业总体经营业绩，以及对外部市场薪酬调查数据的分析。
年终效益奖	年终效益奖是对高层管理人员经营业绩的一种短期激励，一般以货币的形式于年底支付，该部分应占高层管理人员全部薪酬的 15%~25%。
股权激励	这是非常重要的一种激励手段。股权激励主要有股票期权、虚拟股票、限制性股票等方式。

4.2.3 普通员工薪酬标准

普通员工薪酬构成	薪酬标准
岗位薪资	岗位薪资主要根据岗位在企业中的重要程度确定薪资标准。公司实行岗位等级薪资制，根据各岗位所承担工作的特性及对员工能力要求的不同，将岗位划分为不同的级别。 　　影响职务等级薪资高低的因素包括工作的目标、任务与责任，工作的复杂性，劳动强度、工作的环境。
绩效薪资	1.绩效薪资根据公司经营效益和员工个人工作绩效计发。 　　2.绩效薪资分为月度绩效薪资、年度绩效奖金两种。其中员工的月度绩效薪资同岗位薪资一起按月发放，月度绩效薪资的发放额度依据员工绩效考核结果确定。年度绩效奖金指公司根据年度经营情况和员工一年的绩效考核成绩，决定员工的年度奖金的发放额度。
工龄薪资	工龄薪资是对员工长期为企业服务所给予的一种补偿。其计算方法为从员工正式进入公司之日起计算，工龄每满一年可得工龄薪资_____元/月；工龄薪资实行累计计算，满_____年不再增加。其发放方式为按月发放。
奖金	奖金是企业向做出重大贡献或优异成绩的集体或个人发放的奖励。

续表

员工福利	福利是在基本薪资和绩效薪资以外，企业为解决员工后顾之忧而提供的一定保障。 　　包括公司按照国家和地方相关法律规定为员工缴纳各项社会保险、带薪休假等。
津贴或补贴	1. 住房津贴 　　公司为员工提供宿舍，因为公司原因而未能享受公司宿舍的员工，公司为其提供每月_____元的住房补贴。 　　2. 加班津贴 　　凡制度工作时间以外的出勤均为加班。其主要指休息日、法定休假日加班，以及8小时工作日的延长作业时间。 　　加班时间必须经主管认可，加点、加班时间不足半小时的不予计算。
午餐补助	公司一般会根据具体情况，为公司正式员工提供_____元/天的午餐补助。

4.2.4 绩效奖金管理章程

制度名称	绩效奖金管理章程	受控状态	
		编　　号	
执行部门		监督部门		编修部门	

第一部分　总则

第一条　目的

为规范员工绩效奖金的发放程序，配合员工绩效考核和奖惩工作，达到激励员工、提高工作效率的目的，根据公司的实际情况，特制定本规定。

第二条　适用范围

本规定适用于公司除总经理和各位副总以外的所有员工。

第三条　各部门职责

1. 人力资源部的职责

（1）负责奖金总额的归口预算、报批和控制工作。

（2）负责各期奖金的核算和统计工作。

2. 部门经理的职责

（1）充分发挥奖金的激励作用，对考核评分的结果负责。

（2）对部门奖金总额的浮动负责。

（3）有停发员工奖金的权力。

第二部分　奖金总额和奖金基数规定

第一条　每年1月份，人力资源部核定上年奖金总额报公司总经理审批，同时将本年度奖金总额预算报公司总经理审批。

续表

第二条 本年度奖金总额预算以上一年度 12 月份薪资总额为基数，根据上一年度公司的经营业绩，由人力资源部上报总经理审批。

第三条 每季度开始的第一周，人力资源部核定上个季度的奖金总额，报公司总经理审批。

第四条 员工季度奖金基数是固定比例，一般是该员工月薪资的 25%，并随季度考核成绩的排名有所不同，排名靠后的员工没有季度奖金。

第五条 员工年终奖金基数为浮动比例，与部门年终考核成绩（A、B、C 三等）挂钩，具体奖金基数如下表所示。

绩效奖金基数对照表

部门年度考核等级	部门年度考核得分（X）	员工季度奖金基数	员工年终奖金基数
A	X ≥ 85 分	上月本人薪资额 × 25%	以本年度本人月平均薪资 × 125%
B	70 分 ≤ X < 85 分	上月本人薪资额 × 25%	以本年度本人月平均薪资 × 75%
C	X < 70 分	上月本人薪资额 × 25%	以本年度本人月平均薪资 × 25%

第三部分 季度奖金发放管理

第一条 季度奖金按季度发放，在每季度发放第一个月薪资的同时发放上个季度的季度奖金。

第二条 季度奖金的发放依据为《员工季度考核表》中的考核成绩及考核等级。

续表

第三条 考核成绩合格（即季度考核得分不低于 70 分）的员工享有季度奖金，试用期间的员工不发放季度奖金。

第四条 在季度中出现公司内部跨部门调动的，于第二个月 15 日及以前调入的，视为调入部门员工；于第二个月 15 日以后调入的，视为调出部门员工。

第五条 人力资源部根据各部门员工的季度考核成绩核算季度奖金。季度奖金发放标准如下表所示。

季度考核结果与员工季度奖金对应表

季度奖金基数	员工考核结果等级	考核得分	员工季度奖金额（元）
本人月薪资的 25%	A	90 分及以上	季度奖金基数 ×130%
本人月薪资的 25%	B	80（含）~90 分	季度奖金基数 ×110%
本人月薪资的 25%	C	70（含）~80 分	季度奖金基数 ×90%
本人月薪资的 25%	D	70 分以下	0

第四部分　年终奖金发放管理

第一条 公司规定每年 1 月底发放上一年度的年终奖金。

第二条 年终奖金的发放依据为部门年度考核结果和员工在年度考核中的成绩及考核等级。

第三条 在当年 10 月（含）以后到岗的新员工，不享有年终奖金。

第四条 人力资源部根据各部门员工的年终考核成绩核算年度奖金，具体如下表所示。

续表

考核系数与员工年终奖金对应表			
部门考核成绩	员工年终奖金基数	员工年度考核等级	员工年终奖金额
A	员工本人月平均薪资的125%	A	年终奖金基数×150%
		B	年终奖金基数×125%
		C	年终奖金基数×100%
		D	年终奖金基数×50%
B	员工本人月平均薪资的100%	A	年终奖金基数×150%
		B	年终奖金基数×125%
		C	年终奖金基数×100%
		D	年终奖金基数×25%
C	员工本人月平均薪资的75%	A	年终奖金基数×100%
		B	年终奖金基数×80%
		C	年终奖金基数×50%
		D	年终奖金基数×10%

第五部分 绩效奖金发放程序管理

第一条 部门经理将《部门季度（年终）奖金核算表》（如下表所示）提交人力资源部，要认真填写序号、姓名、考核成绩。

续表

部门季度（年终）奖金核算表

（第　　季度）

部门：　　　　　　　　　　　核定季（年）度奖金总额：　　元

序号	员工姓名	岗位	考核成绩	考核等级	部门考核结果	奖金基数	奖金金额
1							
2							
合计							

部门经理签字：　　　　　　　　　　　人力资源部经理签字：

主管副总经理签字：　　　　　　　　　总经理签字：

财务经理签字：

第二条　人力资源部负责核算各部门员工奖金，填写《部门季度（年终）奖金核算表》，提交主管副总、总经理审批。

第三条　总经理批复后，人力资源部将《部门季度（年终）奖金核算表》交财务部。

第四条　财务部经理在《部门季度（年终）奖金核算表》上签字确认后，在规定时间内发放奖金。

第六部分　附则

第一条　本规定的解释权归人力资源部所有。

第二条　本规定经总经理审批后自颁布之日起开始执行。

编制日期		审核日期		批准日期	
修改标记		修改处数		修改日期	

4.2.5　员工提薪管理章程

制度名称	员工提薪管理章程	受控状态	
		编　号	

第一部分　总则

第一条　目的

为了规范公司提薪制度，提高员工的工作积极性，充分发挥薪酬的激励作用，特制定本制度。

第二条　适用范围

本制度适用于公司所有员工提薪工作的管理。

第三条　各部门的职责划分

1. 人力资源部主要负责员工提薪的调查、审定，以及提薪结果确定后通知到每个被提薪的员工。

2. 各部门负责人主要负责为部门员工提出提薪申请，并配合人力资源部做好提薪调查。

3. 财务部主要负责根据提薪申请审批结果办理提薪手续。

第四条　提薪范围

公司的提薪有一定范围，表现好的员工才满足提薪的申请条件，有以下情况者，则不予提薪。

1. 提薪调查时，发现缺勤天数平均每月超过 5 天者。

2. 员工迟到、早退超过 4 次，视为缺勤 1 天，累计缺勤天数平均每月超过 5 天者。

3. 在提薪调查时员工受到批评超过 2 次，或者受到降薪、停职处分者。

4. 提薪当月正式办理离职手续者。

第五条　提薪预算

公司的提薪预算根据公司具体情况来定，除此之外，还可以综合考虑以下几点：

1. 提薪预算总额由各不同等级岗位的提薪预算额相加得出。

2. 公司可以提取提薪预算额的 3% 作为提薪额外预算。

3. 提薪调查日后提薪人数发生增减，提薪预算也应相应地增减。

第二部分　定期提薪

第一条　定期提薪规定

公司会根据公司具体情况，综合考虑市场变化水平、盈利状况等，于每年 3 月对员工的总体薪酬水平进行调整，调整幅度在 5%~30%。

第二条　年终考核提薪

1. 提薪时间及对象

每年 1 月 1 日至 12 月 31 日为年终考核提薪的考核期限，主要考核对象为在公司任职满 6 个月以上（含 6 个月）的员工。

2. 定期提薪审批步骤

提薪审批时，由人力资源部发出《员工考核评价表》，各相关部门主管或负责人客观地根据被考核者的工作能力与工作表现进行评价，并根据公司制定的年终绩效考核提薪标准提交《员工调薪申请表》，送交人力资源部，由人力资源部汇总《员工调薪申请表》，呈报总经理最终核准。

续表

第三部分　临时提薪

第一条　员工转正

员工试用期满并考核合格转正后,根据正式员工转正后的待遇执行,并在员工转正的当月予以临时提薪。

第二条　职位晋升

在公司工作期满6个月以上,对本职工作表现优异者,经部门推荐、员工自荐或考核晋升等途径申请提薪,提薪成功后从次月起享受调整后的薪资福利待遇。

第三条　满足其他提薪情况

1. 平调新岗位,但是新岗位薪资比原岗位薪资高,按新岗位薪资执行临时提薪。

2. 取得了更高的学历,临时提薪以满足该学历的初期任职薪资。

第四条　临时提薪审批步骤

符合临时提薪规定者,需经主管副总审批通过;属于预算外的临时提薪,需经总经理审批通过;其他临时提薪由人力资源部调查实际情况后具体处理。

第四部分　附则

第一条　本制度自发布之日起开始执行。

第二条　本制度的编写、修改及解释权归人力资源部所有。

执行部门		监督部门		编修部门	
编制日期		审核日期		批准日期	

4.3 薪酬激励管理制度

4.3.1 薪酬激励管理制度制定的目的

为了规范公司各部门、各岗位薪资标准及计算、发放管理，增强激励和考核功能，充分发挥薪酬体系的激励作用，根据公司的实际情况结合管理需要，特制定本制度。

为了奖励为公司长期努力于业务或从事有益于公司发展及改进有特殊功绩者，需要给予激励，以此增加公司的向心力和创新精神。

4.3.2 薪酬激励管理制度制定原则

薪酬激励管理制度制定原则	具体含义
竞争原则	公司保持薪酬水平具有相对市场竞争力。

续表

公平原则	公司内部不同职务序列、不同部门、不同职位员工之间的薪酬相对公平合理。
激励原则	公司根据员工的贡献决定员工的薪酬。
保密原则	各岗位人员的薪资一律保密。

4.3.3 薪酬激励管理制度

制度名称	薪酬激励管理制度	受控状态	
		编 号	
执行部门		监督部门		执行部门	

第一部分 总则

第一条 目的

1. 为了规范公司各部门、各岗位薪资标准及计算、发放管理，增强激励和考核功能，充分发挥薪酬体系的激励作用，根据公司的实际情况结合管理需要，特制定本制度。

2. 为了奖励为公司长期努力于业务或从事有益于公司发展及改进有特殊功绩者，需要给予激励，以此增加公司的向心力和创新精神。

第二条 制定原则

1. 竞争原则：公司保持薪酬水平具有相对市场竞争力。

2. 公平原则：公司内部不同职务序列、不同部门、不同职位员工之间的薪酬相对公平合理。

3. 激励原则：公司根据员工的贡献决定员工的薪酬。

4. 保密原则：各岗位人员的薪资一律保密。

第三条 适用范围

本制度适用于公司全体员工。

第四条 人力资源部关于薪酬所负职责

1. 薪酬制度与激励制度的制定、修订、解释和执行。

2. 薪资、奖励的计算、审核、发放和解释。

3. 员工薪酬水平调查、员工薪酬标准的建议和核定。

第二部分 薪酬构成

第一条 公司薪酬设计按人力资源的不同类别实行分类管理，着重体现岗位价值和个人贡献。

第二条 公司正式员工薪酬构成

1. 公司高层薪酬构成＝基本年薪＋年终效益奖＋股权激励＋福利。

2. 员工薪酬构成＝岗位薪资＋绩效薪资＋工龄薪资＋各种福利＋津贴或补贴＋奖金。

第三部分 薪资系列

第一条 公司根据不同职务的性质，将公司的薪资划分为行政管理、技术、生产、营销、后勤五个系列。

薪资系列适用范围表

薪资系列	适用范围
行政管理系列	1. 公司高层领导 2. 各职能部门经理 3. 行政部（勤务人员除外）、人力资源部、财务部、审计部所有职员
技术系列	产品研发部、技术工程部所有员工（各部门经理除外）

续表

生产系列	生产部门、质量管理部门、采购部门所有员工（各部门经理除外）
营销系列	市场部、销售部所有职员
后勤系列	一般勤务人员，如司机、保安、保洁员等

第二条 高层管理人员薪资标准确定

1. 基本年薪

（1）基本年薪是高层管理人员的一个稳定收入来源，它是由个人资历和职位决定的。该部分薪酬应占高层管理人员全部薪酬的30%~40%。

（2）薪酬水平由薪酬委员会确定，确定的依据是上一年度的企业总体经营业绩以及对外部市场薪酬调查数据的分析。

2. 年终效益奖

年终效益奖是对高层管理人员经营业绩的一种短期激励，一般以货币的形式于年底支付，该部分应占高层管理人员全部薪酬的15%~25%。

3. 股权激励

这是非常重要的一种激励手段。股权激励主要有股票期权、虚拟股票、限制性股票等方式。

第三条 一般员工薪资标准的确定

1. 岗位薪资

岗位薪资主要根据岗位在企业中的重要程度确定薪资标准。公司实行岗位等级薪资制，根据各岗位所承担工作的特性及对员工能力要求的不同，将岗位划分为不同的级别。

影响职务等级薪资高低的因素包括工作的目标、任务与责任，工作的复杂性，劳动强度、工作的环境。

公司职务等级划分标准，将岗位职务薪资划分为15个等级，具体如下表。

续表

公司职务等级划分表

职务等级	决策类	行政管理类	技术类	生产类	营销类	后勤表
十五	总经理、副总经理					
十四	总经理、副总经理					
十三	总经理、副总经理					
十二						
十一						
十		总经理、副总经理、各职能部门经理	高级工程师、工程师			
九		总经理、副总经理、各职能部门经理	高级工程师、工程师			
八		总经理、副总经理、各职能部门经理	高级工程师、工程师			
七		总经理、副总经理、各职能部门经理	高级工程师、工程师			
六		总经理、副总经理、各职能部门经理	高级工程师、工程师	车间主任		
五				车间主任		
四					高级业务员	
三					高级业务员	
二					高级业务员	保安、司机等
一						保安、司机等

2. 绩效薪资

（1）绩效薪资根据公司经营效益和员工个人工作绩效计发。公司将员工绩效考核结果分为五个等级，具体如下表。

绩效考核标准划分

等级	A	B	C	D	E
说明	优秀	良好	称职	基本称职	不称职

续表

（2）绩效薪资分为月度绩效薪资、年度绩效奖金两种。其中月度绩效薪资是同岗位薪资一起按月发放，月度绩效薪资的发放额度依据员工绩效考核结果确定。年度绩效奖金指公司根据年度经营情况和员工一年的绩效考核成绩，决定员工的年度奖金的发放额度。

3. 工龄薪资

工龄薪资是对员工长期为企业服务所给予的一种补偿。其计算方法为从员工正式进入公司之日起计算，工龄每满1年可得工龄薪资_____元/月；工龄薪资实行累计计算，满_____年不再增加。其发放方式为按月发放。

4. 奖金

奖金是企业向做出重大贡献或优异成绩的集体或个人发放的奖励。

第四部分 员工福利

第一条 福利是在基本薪资和绩效薪资以外，企业为解决员工后顾之忧而提供的一定保障。

第二条 公司按照国家和地方相关法律规定为员工缴纳各项社会保险。

第三条 公司按照《中华人民共和国劳动法》和其他相关法律规定，为职员提供相关假期。法定假日共11天，具体如下表。

节假日放假天数表

节日	放假天数
元旦	1天
春节	3天
清明节	1天
劳动节	1天
端午节	1天
国庆节	3天
中秋节	1天

续表

第四条 员工在公司工作满1年可以享受5个工作日的带薪休假，以后在公司工作每增加1年，可以增加1个工作日的带薪休假，但最多不超过____天。

第五条 员工享有婚假、丧假、产假、哺乳假等有薪假。

第六条 津贴或补贴

1. 住房津贴，公司为员工提供宿舍，因为公司原因而未能享受公司宿舍的员工，公司为其提供每月____元的住房补贴。

2. 加班津贴

（1）凡制度工作时间以外的出勤均为加班。其主要指休息日、法定休假日加班，以及8小时工作日的延长作业时间。

（2）加班时间必须经主管认可，加点、加班时间不足半小时的不予计算。加班津贴计算标准如下。

加班津贴支付标准

加班时间	加班津贴
工作日加班	每小时加班薪资＝正常工作时间每小时薪资×150%
休息日加班	每小时加班薪资＝正常工作时间每小时（日）薪资×200%
法定节假日加班	每小时加班薪资＝正常工作时间每小时（日）薪资×300%

3. 午餐补助

公司一般会根据具体情况，为公司正式员工提供____元／天的午餐补助。

4. 其他津贴

为鼓励员工不断学习，提高工作技能，公司还为员工设立各种津贴，如学历、职务、小语种等。具体可以参考下表：

续表

津贴参考表		
津贴类型		支付标准
学历津贴	本科	___元
	硕士	___元
	博士及以上	___元
职务津贴	初级	___元
	中级	___元
	高级	___元
小语种津贴	日语	___元
	俄语	___元
	德语	___元

第五部分 薪酬计算与发放

第一条 薪酬制度

员工薪酬实行月薪制度，每月15日支付上月薪酬，以人民币支付，如果遇到支付薪酬的日期为法定节假日，则调整至休假日的前一天发放。

第二条 薪酬发放

薪酬的计算由公司财务部负责，经总经理批准。

第三条 薪酬核定工作

人力资源部根据公司具体情况制定各职等、各职位的员工薪酬标准，以此规范薪酬管理工作。

第四条 薪酬中公司代扣款项

1. 员工个人所得税。
2. 员工个人缴纳的社会保险。
3. 法律、法规以及公司规章制度中规定的应从员工薪酬中扣除的款项。

续表

4.与公司签订协议时同意从个人薪酬中扣除的款项。

第六部分　薪酬调整

第一条　薪酬调整分类

薪酬调整有整体调整和个别调整两种。

1.整体调整包括薪酬水平调整和薪酬结果调整,是公司人力资源部根据公司具体经营状况,结合国家政策和物价水平、行业及地区竞争状况等进行的调整。

2.个别调整是公司根据员工年度考核结果评定出来的个人薪酬调整,是对工作中成绩特别优异、对公司有特殊贡献的员工进行的一种奖励。

第二条　薪酬调整原则

薪酬调整一般每季度进行一次,以每季度最后一个月办理有关调薪申请事宜,调薪原则以不超过部门人力成本费用或薪资总额控制范围为要。

第七部分　薪酬保密

第一条　薪酬保密的目的

为了培养员工的进取精神,避免各员工之间互相攀比,特制定薪酬保密制度。

第二条　薪酬发放方式

所有员工的薪酬以银行卡或现金方式发放,同时公司人力资源部以《核薪通知单》书面通知员工本人,并要求员工本人签字确认。

第三条　薪酬保密要求

公司各级主管、薪酬管理人员以及各员工之间,均不得私自泄露、打探薪酬情况,否则公司有权依照情节严重程度及影响程度做出一定的惩罚,

续表

如罚款、降薪、降职等。

第八部分　附则

第一条 本细则由人力资源部制定，其解释权和修订权归人力资源部所有。

第二条 本细则自发布之日起正式实施。

编制日期		审核日期		编制日期	
修改标记		修改处数		修改标记	

4.3.4　公司奖罚制度

制度名称	公司奖罚制度	受控状态	
		编　　号	
执行部门		监督部门		执行部门	

第一部分　总则

第一条 目的

鼓励员工奋发向上，做出更大成绩；防止和纠正员工的违法失职行为，保证顺利达成目标。

第二条 员工奖励条件

公司员工有下列情形之一的，应由直接主管或人事部门酌情上报，予以奖励：

续表

1. 对本公司业务有特殊功绩或贡献，有利计划经采纳施行有效的。

2. 对于舞弊或有危害本公司权益之事，能事先发现或防止，而使公司减少或免受损失的。

3. 遇突发事件，临机应变措施得当或奋勇救护保全公物或人命的。

4. 研究改善生产设备，有特殊功效的。

5. 节省原料、物料或利用废料有显著成果的。

6. 领导有方，使业务发展并有相当收获的。

7. 预防机件故障或抢修工程提前完成，因而增加生产的。

8. 才能卓著、成绩优异而且能够胜任现职以上职务的。

9. 服务勤劳，努力本职而成绩优越的。

10. 其他应予奖励的情况。

第三条　奖励的种类

对公司员工奖励的种类如下：

1. 加薪。

2. 记大功。年度内记大功达 2 次的给予加薪。

3. 记小功。记小功 3 次作为记大功 1 次。

4. 嘉奖。嘉奖 3 次作为记小功 1 次。

5. 奖状。

6. 奖金。

第四条　惩处

公司员工有下列情形之一的，应由直接主管或人事部门酌情上报惩处：

1. 有渎职、失职或对问题失察的。

2. 泄露公司机密或谎报事实的。

3. 故意或过失浪费、损害公物的。

4. 品行不端或行为粗暴、屡教不改的。

5. 在工作场所内斗殴或行为不检点的。

续表

6. 扰乱秩序，侮辱同事或妨碍他人工作的。

7. 遇突发事件故意逃避的。

8. 工作时间在现场睡眠，偷闲怠工或擅离职守的。

9. 在工作场所干私活的。

10. 违反公司各项规章制度或命令的。

11. 托人签到、打卡或代人签到、打卡的。

12. 其他应予惩处的事项。

第五条 惩处的种类

公司员工的惩处种类如下：

1. 免职。免职后永不录用，案情重大的，送司法机关侦办。

2. 记大过。

3. 记小过。记小过 3 次作为记大过 1 次。

4. 申诫。申诫 3 次作为记小过 1 次。

5. 警告。警告 3 次作为申诫 1 次。

第六条 功过互抵规定

公司员工的同年度功过可以抵消，以嘉奖 1 次抵消申诫 1 次，以此类推。

第七条 奖惩时，要填写奖惩类别申请单。

第八条 本规定自发布之日起实施，经总经理核准签发。

第二部分 奖励制度

第一条 目的

凡本公司员工长期努力于业务上，或从事有益于本公司的发明与改进，或具有特殊功绩的，均依照本办法予以奖励。

第二条 种类

本办法规定的奖励分服务年资奖、创造奖、功绩奖、全勤奖 4 种。

续表

第三条 服务年资奖

员工服务年资满 10 年、20 年及 30 年,其服务成绩与态度均属于优秀的,分别授予服务 10 年奖、服务 20 年奖及服务 30 年奖。

第四条 创造奖

员工符合下列各项条件之一者,经审查合格后授予创造奖:

1. 设计新产品,对本公司有特殊贡献的。

2. 从事有益业务的发明或改进,对节省经费、提高效率或对经营合理化的其他方面做出贡献的。

3. 在独创性方面尚未到发明的程度,但对生产技术等业务确有特殊的贡献,因而对本公司具有重大贡献的。

4. 上述各款至少应观察 6 个月以上的实绩,经判断的确效果很好,才属有效。

第五条 功绩奖

员工符合下列各项之一的,经审查后授予功绩奖:

1. 从事对本公司有显著贡献的特殊行为的。

2. 对提高本公司的声誉有特殊功绩的。

3. 对本公司的损害能防患于未然者。

4. 遇到非常事变,如灾害事故等,能临机应变,措施得当,具有功绩的。

5. 敢冒风险,救护公司财产及人员脱离危难的。

6. 其他具有优秀品德,可为本公司楷模,有益于公司及员工树立良好风气的。

第六条 全勤奖

员工连续 1 年未请病、事假或迟到早退者,经审查后授予全勤奖。其奖励方式系于公司成立纪念日时,颁发奖品。

第七条 方式

奖励方式分奖金、奖品、奖状 3 种。

续表

第八条　奖金及奖状

对创造奖和功绩奖，按下列等级授予奖金及奖状：

1. 创造奖

一等	人民币	10000 元
二等	人民币	7000 元
三等	人民币	5000 元
四等	人民币	3000 元
五等	人民币	1000 元

2. 功绩奖

一等	人民币	3000 元
二等	人民币	2000 元
三等	人民币	1000 元

第九条　奖品

对服务年资奖授予奖品及奖状，奖品内容另定。

第十条　再奖励

员工有下列情形之一者，给予再奖励：

1. 根据第四条接受奖励后，其效果被评定为最高时，或同一人对同一事项再施与改进时。

2. 根据第五条接受奖励后，其功绩经重新评定为更高时。

前项再奖励审查与第四条或第五条相同，其奖金仅授予复审所定的奖金与原发奖金的差额。

第十一条　由二人以上共同获得奖金的情形

奖励事项如为二人以上共同合作而完成的，其奖金按参加人数平均分配。

第十二条　审查手续

应奖励事项，由主管部（室）经理核实后，呈请总经理批准。

第十三条　员工奖励审查委员会

奖励种类及等级的评定，由员工奖励审查委员会负责，审查委员会由总经理担任主任委员，各级管理人员担任委员。

第十四条　奖励的核定与颁奖

奖励的核定与颁奖，呈请总经理负责。

第十五条　颁奖日期

原则上每年一次，于本公司成立纪念日颁发。

第十六条　本办法经总经理通过后公告实施，修改时亦同。

第三部分　纪律处分规定

第一条　政策

为达到及保持有效的工作水准，所有员工必须有良好的工作表现。
纪律条件的制定，目的在于保障公司和员工双方的最高利益。
在执行纪律处分时，应按照下列原则：

1. 纪律处分要有充分的理由和清楚的证据。
2. 处分的轻重与所犯过失的轻重相符。
3. 员工应明白他们必须达到的标准和应该遵守的规定。
4. 员工对纪律处分有申诉的权利。

第二条　纪律规定

员工行为如不符合适当的规范，或触犯下列任何一项规定，一经查出，将受到纪律处分：

1. 伪造或涂改公司的任何报告或记录。
2. 接受任何种类的贿赂，例如任何礼物或诱惑，其目的在于使员工贪污或影响其本职工作。
3. 未经公司书面允许，擅取公司任何财务记录或其他物品。
4. 擅取或干扰公司的财务。

续表

5. 在公司楼房、车辆、轮船或工地内向同事鼓吹违法言论，赌博或对他人使用侮辱语言。

6. 企图强迫同事加入任何组织、社团或其他派别。

7. 违反任何安全条例或从事任何足以危害安全的行为。

8. 未获准许而缺勤、迟到、早退。

9. 无故旷工。

10. 在任何时间内，出借工作证。

11. 故意疏忽或拒绝主管人员的合理、合法命令或分配的工作。

12. 拒绝保安人员的合理、合法的命令或检查。

13. 未经总经理允许而为其他机构、公司或私人工作。

14. 在工作时间内干私活。

15. 从事与公司利益冲突的任何行为。

16. 总经理认为可采取纪律处分的其他任何情况。

第三条 采取纪律处分的程序

1. 口头警告

员工初犯或犯小过失，可由其直接主管给予口头非正式警告。

2. 书面警告

犯较大过失或屡犯小过而曾遭口头警告者，可由其直接主管执行书面正式警告，此警告可取用"警告"或"严重警告"方式。

3. 停职

犯严重过失或屡次犯过失的，可受无薪停职处分。可采取这种处分的条件如下：

（1）员工在6个月内曾被警告3次。

（2）员工与过去20个月内曾犯同样过失而遭严重警告。

（3）等待部门主管决定将犯过失的员工终止聘用或撤职。

无薪停职如不超过3天，可在部门主管取得授权后执行。如果停职日数超过3天至最高14天的，可在咨询人事经理或其授权代表后，由部门主管授权进行。

续表

第四条 执行纪律处分

1. 口头警告

口头警告由受处分的直接主管于事发后两天内执行,并须以该员工熟悉的语言传达。

受处分的员工应被告知如再犯,将受书面警告的处分。

该员工的直接主管应告知其上一级主管有关执行口头警告的情况。

2. 书面警告

书面警告由受处分人的直接主管在取得其上一级主管的授权后,于事发两天内执行。

警告可采取"谴责"方式,如其上一级主管认为较严重的,可采取"严重谴责"的方式。

《纪律处分通知书》(见下表)正本应交给受处分员工,副本寄交人事部门备案,部门主管也可保留一副本。

员工所犯过失的详情、处分的类别、以前口头警告的日期及将来再犯时的处理,均应在通知书中明确。

书面警告应以受处分者熟悉的语言传达。

纪律处分通知书

编号:　　　　　　　　　　日期:

姓名		工作证号		职位		所属部门	
所犯过失 □擅自旷工 □屡次迟到 □工作时瞌睡 □故意不服从上级或拒绝接受正当命令 □故意不以适当方法工作				发生日期: □屡次逃避工作 □工作时有赌博行为 □行为不检点			
处分　　　　□谴责　□停职　由×年×月×日到×年×月×日 　　　　　　　　　　　　　共　　日 　　　　　　　　　　　　　注意:如有重犯将撤职处分							
撤职生效日期:×年×月×日 　　　　　　　　　　请于撤职生效日期前往人事部报到							
备注:							

3. 停职

停职应在员工犯过失后两天内执行。其上一级主管须和其部门主管商讨后才能执行。《纪律处分通知书》须根据停职期的长短由其上一级主管或部门主管签署,并须于停职前交与该员工。副本由人事部备案,其上一级主管和直接主管亦可保存一副本。人事部负责通知公司财务扣除该员工工资。

员工所犯过失的详细情况、以往曾给予的书面警告、再犯时将受到的处分均应在通知书中明确。

4. 撤职

终止聘用员工或撤职由主管在咨询人事经理后执行,并须部门主管签署《纪律处分通知书》,正式通知该员工。副本由部门主管保管,正本交给员工,并应安排员工到人事部办理离职事宜。若未能联络到部门主管或人事经理,其上一级主管可将该员工停职一天以待翌日做出调查,在通常情况下,撤职应在事发后即日生效。

第五条 申诉程序

员工如认为受不公平对待或对纪律处分感到不满,可向部门主管申诉。如有部门主管会晤后仍不满意时,向总经理书面请求调查再做决定。

第六条 记录

谴责及停职处分将详细列于该员工的个人记录上,分别保留一年至两年,然后取消。

| 编制日期 | | 审核日期 | | 编制日期 | |
| 修改标记 | | 修改处数 | | 修改标记 | |

4.3.5 奖金管理制度

公司奖金制度的一般规定如下：

1. 公司对员工的管理，不包括对一般违规事项的管理，即对不予奖励也不予惩罚的情形不做规定。

2. 公司要根据当时营业情况，对品德高尚、遵守规则、工作努力的员工给予奖状或奖励。

3. 对于本条例所定的各种奖金，如有下列情形之一者，要将奖金的一部分或全部予以停止或减少。

（1）公司业务状况不良。

（2）奖金规则执行无效。

（3）所发奖金与政策法令相抵触，不能报销。

（4）公司遇到人力不可抵抗的灾难。

4. 本条例所定各项奖金的申请，应由具有奖金申请资格员工的直属部门主管人员填写申请书，并签注意见送人事部门，加注有关人事记录资料及考核意见，送请规章执行委员会审议后执行。

5. 各种奖金的核准日在上半月的，得从上半月始发；核准日在下半月的，得从下半月起发。

6. 凡有下列情形之一者，除依照公司管理规则有关规定处理外，6个月内不得享受本条例所制定的各项奖金；已享有奖金的，应自当月起予以停止，直到表现良好时，再依本规定办理奖金申请手续。

（1）不遵守规则的工作者或不能胜任工作者。

（2）有赌博、斗殴、诈骗、偷窃、经手钱财不清或拖欠他人钱财不偿还行为者。

（3）在言论或行为上对公司或公司负责人或公司同事不利、不忠实者。

（4）在公司外的行为足以妨碍其应执行的工作及公司声誉或利益者。

（5）利用工作之便谋取私利者。

（6）经办公文或工作时因积压公文而损及公司或其他人利益者。

（7）公司遭遇任何灾难或发生紧急事件时，负责单位或在场员工未能及时施救者。

7.凡因故应停止或减少部分奖金权者，应由其相关负责人会同人事部门共同提出理由意见书及有关资料，送请项目经理通过后执行。

8.凡因故被停止奖金权的核准日在发本期工资以前者，应在本次发工资时执行；核准日在发本期工资以后者，则在下次工资发放日执行。

9.奖金额的计算，均以各员工在本年年度内的平均工资为准，此项平均工资不包括加班费及其他奖金。

10.各员工享受的奖励或奖金等级，一律由相关负责人及人事部门提供工作成绩及有关资料交由项目经理通过后发给。

11.奖励等级评定项目及资料如下：

奖励等级评定项目表

项目	品德	工作能力	责任心	工作态度	出勤	服装仪容
百分比	30%	20%	20%	20%	5%	5%
扣减事例	1.言行对公司或同事不忠诚。 2.喜欢贪图私利。 3.说谎。 4.常向他人借钱或经手钱财不清。	1.不熟练。 2.勉强。 3.不能胜任。	1.工作忙碌时照常休息。 2.公休前未将公务交代清楚。 3.发生错误时推诿责任。 4.工作不主动。 5.喜欢做表面事情，工作不踏实。	1.工作时常说话。 2.工作时嬉笑。 3.斗殴。 4.吵架。 5.接打私人电话。 6.借故走动。 7.睡觉。 8.私事会客。 9.工作怠慢。 10.不公正。 11.拖延。 12.有遗漏。	1.迟到。 2.旷职。 3.请假。	1.服装不整。 2.头发太长。 3.工作场所放置杂物。 4.在工作场所吸烟。

12.凡被评定有上条所列各项考核事实之一者，应被取消该项目应得的分数；未被取消者，合计为应得的总分数。

13.依据前条考核事项，制定奖金等级标准如下：

（1）一等奖：总分满100分者。

（2）二等奖：总分满70分不足100分者。

（3）三等奖：总分满40分不足70分者。

14.凡被评分数总分在40分以下者，不予奖励。

15.按评定后应享受的奖金等级，并依据本规定，计算其实得奖金额。

16.所说的全年度，是指从1月1日起至12月31日止的一年度。

4.4 薪酬体系设计

建立规范的薪酬管理体系，能提升薪酬体系的内部公平性和激励性，从而充分调动员工工作积极性，促进公司发展，实现公司与员工双赢。

4.4.1 薪酬体系设计原则

在薪酬体系设计时，薪酬设计者应按需设岗，在企业内部建立职、权、责、利相结合的运行机制和"对内具有公平性，对外具有竞争力"的薪酬体系，遵循"按劳分配、效率优先、兼顾公平及可持续发展"的分配原则，采取"以岗定薪、以能定级、以绩定奖"的分配形式，以实现岗位竞争及人力资源的动态调整。

薪酬设计原则	说明
内部公平性	按照承担的责任大小，需要的知识能力的高低，以及工作性质要求的不同，在薪资上合理体现不同层级、不同职系、不同岗位在企业中的价值差异。
外部竞争性	保持企业在行业中薪资福利的竞争性，能够吸引优秀的人才加盟。
与绩效相关性	薪酬必须与企业、团队和个人的绩效完成状况密切相关，不同的绩效考核结果应当在薪酬中准确地体现，实现员工的自我公平，从而最终保证企业整体绩效目标的实现。
激励性	薪酬以增强薪资的激励性为导向，通过动态薪资和奖金等激励性薪资单元的设计激发员工工作积极性；另外，应设计和开放不同薪酬通道，使不同岗位的员工有同等的晋级机会。
可承受性	确定薪资的水平必须考虑企业实际的支付能力，薪酬水平须与企业的经济效益和承受能力保持一致。保障出资者的利益，实现可持续发展。
可操作性	薪酬管理制度和薪酬结构应当尽量浅显易懂，使得员工能够理解设计的初衷，从而按照企业的引导规范自己的行为，达成更好的工作效果。只有简洁明了的制度流程，操作性才会更强，有利于迅速推广，同时也便于管理。
灵活性	企业在不同的发展阶段和外界环境发生变化的情况下，应当及时对薪酬管理体系进行调整，以适应环境的变化和企业发展的要求，这就要求薪酬管理体系具有一定的灵活性。
适应性	薪酬管理体系应当能够体现企业自身的业务特点，以及企业性质、所处区域、行业的特点，并能够满足这些因素的要求。

4.4.2 薪酬体系设计的基本步骤

薪酬体系设计的基本步骤	说明
薪酬调查	薪酬调查是薪酬设计中的重要组成部分。它解决的是薪酬的对外竞争力和对内公平问题，是整个薪酬设计的基础，只有实事求是的薪酬调查，才能使薪酬设计做到有的放矢，解决企业的薪酬激励的根本问题，做到薪酬个性化和有针对性的设计。通常薪酬调查需要考虑以下三个方面： 　　1. 企业薪酬现状调查。通过科学的问卷设计，从薪酬水平的三个公正（内部公平、外部公平、自我公平）的角度了解造成现有薪酬体系中的主要问题以及造成问题的原因。 　　2. 进行薪酬水平调查。主要搜集行业和地区的薪资增长状况、不同薪酬结构对比、不同职位和不同级别的职位薪酬数据、奖金和福利状况、长期激励措施以及未来薪酬走势分析等信息。 　　3. 薪酬影响因素调查。综合考虑薪酬的外部影响因素，如国家的宏观经济、通货膨胀、行业特点和行业竞争、人才供应状况，以及企业的内部影响因素，如盈利能力和支付能力、人员的素质要求及企业发展阶段、人才稀缺度、招聘难度。
确定薪酬原则和策略	薪酬原则和策略的确定是薪酬设计后续环节的前提。在充分了解企业目前薪酬管理现状的基础上，确定薪酬分配的依据和原则，以此为基础确定企业的有关分配政策与策略，例如不同层次、不同岗位人员收入差距的标准，薪酬的构成和各部分的比例等。

续表

职位分析	职位分析是薪酬设计的基础性工作。基本步骤包括：结合企业经营目标，在业务分析和人员分析的基础上，明确部门职能和职位关系；然后进行岗位职责调查分析；最后由岗位员工、员工上级和人力资源部共同完成职位说明书的编写。
岗位评价	岗位评价重在解决薪酬对企业内部的公平性问题。通过比较企业内部各个职位的相对重要性，得出职位等级序列。岗位评价以岗位说明书为依据，方法有许多种，企业可以根据自身的具体情况和特点，采用不同的方法来进行。
薪酬类别的确定	根据企业的实际情况和未来发展战略的要求，对不同类型的人员应当采取不同的薪酬类别，例如：企业高层管理者可以采用与年度经营业绩相关的年薪制，管理序列人员和技术序列人员可以采用岗位技能薪资制，营销序列人员可以采用提成薪资制，企业急需的人员可以采用特聘薪资制等等。
薪酬结构设计	薪酬的构成因素反映了企业关注内容，因此采取不同的策略、关注不同的方面就会形成不同的薪酬构成。企业在考虑薪酬的构成时，往往综合考虑以下几个方面的因素：一是职位在企业中的层级，二是岗位在企业中的职系，三是岗位员工的技能和资历，四是岗位的绩效，分别对应薪酬结构中的不同部分。

4.4.3 薪酬的计算与发放

薪酬的计算与发放，主要依据岗位重要性、业绩贡献、能力、工作态度和合作精神等原则。

员工薪酬实行月薪制度，每月 15 日支付上月薪酬，以人民币支付，如果遇到支付薪酬的日期为法定节假日，则调整至休假日的前一天发放。

薪酬核定工作人力资源部根据公司具体情况制定各职等、各职位的员工薪酬标准，以此规范薪酬管理工作。

薪酬支付方式	薪酬支付制度
薪资支付	支付办法采取月薪制。日薪资计算办法以自然月天数为基准。 1. 员工上月薪金在次月 10 日前用货币形式全额支付给本人。为了简化薪资发放的手续，员工应按照公司要求提供银行账户资料。员工银行个人账户的进账记录，将视同员工领取薪资的凭证及领取确认。 2. 员工自入职之日起按当月实际出勤工作日计算薪资，辞职或解聘者，则按辞职或解聘之日止以当月实际出勤工作日计算薪资。 3. 转正定级、薪酬调整，以发令之日为界，按调整变动后的薪资标准计发。
综合补贴支付	综合补贴自员工转正之日起计发；转正时出勤不满 1 个月的按照实际出勤日计发；辞职或解聘者，则按辞职或解聘之日止以当月实际出勤工作日计发。

续表

奖金及业务提成支付	根据公司内部奖金及业务提成管理制度支付。
特殊情形下支付的薪资	指公司依据国家法律、法规，对员工因病、工伤、产假、婚丧假期间支付的薪资，依照员工基本薪资标准计发。
扣款项	员工个人所得税；员工个人缴纳的社会保险；法律、法规以及公司规章制度中规定的应从员工薪酬中扣除的款项；与公司签订协议时同意从个人薪酬中扣除的款项。

4.4.4 薪酬调整制度

薪酬调整一般每季度进行一次，以每季度最后一个月办理有关调薪申请事宜，调薪原则以不超过部门人力成本费用或薪资总额控制范围为要。

薪酬调整分类	薪酬调整形式
整体调整	包括薪酬水平调整和薪酬结果调整，是公司人力资源部根据公司具体经营状况，结合国家政策和物价水平、行业及地区竞争状况等进行的调整。
个别调整	公司根据员工年度考核结果评定出来的个人薪酬调整，是对工作中成绩特别优异、对公司有特殊贡献的员工进行的一种奖励。

4.4.5 薪酬保密制度

为了培养员工的进取精神，避免各员工之间互相攀比，特制定薪酬保密制度。所有员工的薪酬以银行卡或现金方式发放，同时公司人力资源部以《核薪通知单》书面通知员工本人，并要求员工本人签字确认。

公司各级主管、薪酬管理人员及各员工之间，均不得私自泄露、打探薪酬情况，否则公司有权依照情节严重程度及影响程度做出一定的惩罚，如罚款、降薪、降职等。

4.5 公司福利制度

制度名称	公司福利制度	受控状态	
		编 号	
执行部门		监督部门		执行部门	

第一部分　总则

第一条　目的

为吸引和留住优秀人才，公司提供优良的福利条件，并根据国家和当地政府有关劳动、人事政策及公司规章制度，特制定本方案。

第二条　依据

结合公司生产、经营、管理特点，建立起公司规范合理的福利制度体系。

第三条　原则

公司福利不搞平均，应根据绩效不同、服务年限不同而有所区别。

第四条　福利享受从实物化转变为货币化。

第二部分 福利对象及安排

第一条 公司福利对象

1. 正式在职员工。

2. 非正式员工。

3. 离退休员工。

不同员工群体在享受福利项目上有差异。

第二条 公司提供的各类假期

1. 法定节假日。

2. 病假。

3. 事假。

4. 婚假。

5. 丧假。

6. 探亲假。

7. 计划生育假（产假）。

8. 公假。

9. 年假。

10. 工伤假。

第三条 公司提供进修、培训教育机会

第四条 公司提供各类津贴和补贴

1. 住房补贴或购房补贴。

2. 书报费补贴。

3. 防暑降温或取暖补贴。

4. 洗理费补贴。

5. 交通补贴。

续表

6. 生活物价补贴。

7. 托儿津贴。

8. 服装费补贴。

9. 节假日补贴。

10. 年假补贴。

第五条 公司提供各类保险

1. 医疗保险。

2. 失业救济保险。

3. 养老保险。

4. 意外伤害、工伤事故保险。

5. 员工家庭财产保险。

第六条 公司推行退休福利,所有退休人员享有退休费收入,领取一次性养老补助费。

第七条 公司提供免费工作午餐,轮值人员享有每天两顿免费餐待遇。

第八条 公司提供宿舍给部分员工。申请事宜见《员工住房分配办法》。

第九条 公司员工享受有公司年终分红的权利和额外奖励。

第十条 公司为员工组织各种文化体育和联谊活动,每年组织旅游和休养、疗养。

第十一条 公司对员工结婚、生日、死亡、工伤、家庭贫困均有补助金。

第十二条 劳动保护

公司保护员工在工作中的安全和健康。

1. 凡因工作需要保护的在岗员工,公司须发放劳动保护用品。

2. 劳保用品不得无故不用,不得挪作他用。辞职或退休、退职离开公司时,须交还劳保用品。在公司内部调配岗位,按新工种办理劳保用品交还转移、增领手续。

续表

第十三条　保健费用 1. 凡从事有毒或恶劣环境作业的员工须发放保健费。 2. 对义务献血的员工，除给予休假外，发放营养补助费。					
编制日期		审核日期		编制日期	
修改标记		修改处数		修改标记	

4.6 公司津贴制度

制度名称	公司津贴制度		受控状态	
			编　号	
执行部门		监督部门		执行部门	

第一部分　总则

第一条　目的

为完善公司福利制度，关爱员工生活，调动员工积极性，颁布此制度。

第二条　原则

本制度秉承公平公正公开原则，津贴制度最大程度透明化。

第三条　适用范围

公司全体员工。

第二部分　住宅津贴

第一条　领取资格

在公司住宅、宿舍及其他公司设施以外居住的公司职工，自_____年_____月起，按下列标准领取住宅津贴。

第二条 津贴额

住宅津贴按下列分类分别确定其津贴额。

1. 本人是户主。

（1）有抚养家属，且共同居住。

租借房屋，每月津贴_____元；自有房屋，每月津贴_____元。

（2）无抚养家属(单身)。

租借房屋，每月津贴_____元；自有房屋，每月津贴_____元。

2. 本人不是户主。

（1）所抚养家属为户主。

租借房屋，每月津贴_____元；自有房屋，每月津贴_____元。

（2）所抚养家属不是户主。

租借房屋，每月津贴_____元；自有房屋，每月津贴_____元。

（3）无抚养家属。

租借房屋，每月津贴_____元；自有房屋，每月津贴_____元。

3. 购、建私房津贴。

（1）本人是户主。

有抚养家属者，以_____元为限；无抚养家属者，以_____元为限。

（2）本人不是户主。

有抚养家属者，以_____元为限；无抚养家属者，以_____元为限。

第三条 住宅津贴的发放和停止住宅津贴

从职工成为领取住宅津贴的对象当月开始发放，在职工不符合领取条件时停止发放。

第四条 领取手续

希望领取住宅津贴的职工，事先必须将"家庭关系证明书"及有关住房情况的材料提交给本单位领导，请他们代转交给总务处。

续表

第五条 确认

根据第四条中记载的提交材料，本单位负责人及总务处负责人需要确认该职工领取住宅津贴的资格及住宅津贴的金额，填写住宅津贴确认表。

第六条 确认过程中，有关调查公司在审核职工提交的有关资料时，根据需要，可要求职工进一步提交有关辅助资料(如租房契约、交房租收据等)，对事实进行确认性调查。

第七条 当住宅津贴的领取条件发生变动时，本人必须及时向本单位领导提交有关材料，并请他们代转交给总务处。

第三部分　特别工作津贴

第一条　领取资格

对于从事化学制品的生产者和试验研究者，按下列标准支付特别工作津贴。

第二条　专职从事化学制品生产者

对于专职从事化学制品生产的人员，每月发给特别工作津贴＿＿＿元。

第三条　兼职从事化学制品生产者

上一条专职从事化学制品生产以外者，按下列标准支付特别工作津贴：

1.试验研究部门或协助生产化学制品的人员，其从事化学制品生产或试验研究的时间比率(实际从事化学制品生产或试验研究的时间占一个月的全部工作时间的百分比)及相对应的特别工作津贴（见下表）。

特别工作津贴表

从事化学制品生产或试验研究的时间比率	特别工作津贴金额
不到10%的	每月＿＿＿元

续表

10% 以上，不到 15% 的	每月_____元
15% 以上，不到 30% 的	每月_____元
30% 以上，不到 50% 的	每月_____元
50% 以上，不到 70% 的	每月_____元
70% 以上的	每月_____元

2. 在上述计算标准中，生产部门和试验研究部门没有区别。工作时间比率由该部门负责人按工作考勤计算。

3. 特别工作津贴的奖金标准额，为半年(上半年或下半年)特别工作津贴的月平均额，每半年发放一次。

第四部分 伙食补贴

第一条 领取资格及金额

因工作原因而不能利用本公司食堂的职工，按下列标准发给伙食补贴：

1. 每天午餐补贴_____元，晚餐补贴_____元；

2. 伙食补贴每月结算一次，按出勤天数乘以每天的伙食补贴标准支付。

第二条 本公司职工市内出差，也按上一条标准给予伙食补贴。

第三条 在本公司食堂用餐者按下列标准给予伙食补贴：

1. 早餐_____元(限在本公司宿舍居住的单身职工)；

2. 午餐_____元；

续表

3.晚餐_____元(限在本公司宿舍居住的单身职工及需在晚7点以后加班者)。

第四条 本公司职工因需要在下班以后加班两小时以上者,免费供应一顿晚餐(或夜餐)。

编制日期		审核日期		编制日期	
修改标记		修改处数		修改标记	

4.7 薪资调整总表

公司名称：＿＿＿＿年＿＿＿＿月＿＿＿＿日　　单位：（元）

部门	编号	姓名	本薪			加班费			奖金			合计		
			调整前	调整后	幅度%	调整前	调整后	幅度%	调整前	调整后	幅度%	调整前	调整后	幅度%

董事长　　总经理　　　　经理　　　　　　会计　　　　　制表　　　　　　第　页

此表是会计人员必须填写的表格之一。员工薪资并非是一直是个固定数值，薪资的调整有时十分必要。

薪资调整是奖惩员工的一种手段，也是成本管理的一种手段。对薪资调整有一个总体把握，有助于企业的员工管理。

4.8 薪资发放表

单位：（元）

姓名	本薪	加班费	奖金	提成	应发金额	所得税	劳保费	预付费	伙食费	实发金额	领讫印章
1.											
2.											
3.											
4.											
5.											
6.											
7.											
8.											
9.											
10.											
11.											
12.											
13.											
14.											
15.											
16.											
17.											
18.											
19.											
20.											
合计											

董事长　　总经理　　　　经理　　　　　会计　　　　　制表

4.9 新员工薪资核准表

　　　　　　　　　　　　　　　年　月　日　　编　号

工作部门		职别	
姓名		到职日期	年 月 日
学历			
工作经验	相关_____年，非相关_____年，共_____年			
能力说明			
要求待遇		公司标准	
按核薪资		生效日期	
批示		单位主管	人事经办

第 5 章

公司员工绩效考核设计

5.1 管理层人员的绩效考核

企业战略目标的实现，离不开每个普通员工的勤恳努力。但在这之前，需要由管理层人员明确企业的战略目标，制订企业的目标计划，规划出企业发展的大方向。这要求管理层人员在实际的企业运营中把握好战略方向，带领企业朝着正确的道路前进。因此，企业管理层人员更需要做好绩效考核，防止出现战略不当的问题，以致完不成企业的战略目标。

5.1.1 管理层人员的工作职责

部门管理层人员在完成目标工作任务的基础上，还需要对部门人员调配、部门员工绩效考核指标等问题负责，具体工作职责如下：

管理层人员的工作职责	具体内容
确定本部门员工的个人绩效考核指标、标准及权重	部门负责人需要针对本部门员工的工作任务，制定员工的整体绩效考核指标；并根据整体指标，帮助员工明确个人绩效目标。
保持与员工的及时沟通	部门负责人需要在绩效考核的进行中与员工保持沟通，并在发现问题时及时帮助员工解决问题。
记录、收集被考核者的绩效信息	部门负责人需要记录被考核员工的绩效考核结果，为以后的绩效评定提供事实依据。
对员工的绩效结果进行评价	部门负责人需要对被考核员工的工作绩效进行评价和考核。
引导员工提升绩效	在考核结果公布后，部门负责人需要与被考核员工就考核结果进行沟通；并针对绩效提出改进意见，引导员工提升工作能力。

5.1.2　管理层人员绩效考核指标

对企业管理层人员的绩效考核指标与普通员工有着不同的要求。虽然根据岗位职责的不同略有侧重，但总体来说更复杂，范围更广，具体考核内容如下：

管理层人员考核指标	具体内容
财务指标	考核期内的公司整体收入和纯利润目标的完成情况。
市场指标	客户、市场满意度及市场维护相关指标的完成情况。

续表

工作成果指标	考核期内,从管理层人员的工作效率、工作任务、工作成果等方面出发,考核其工作目标的完成情况。
工作能力提升指标	考核期内,考核其工作能力和工作创新能力的提升情况。通过对员工的工作业绩、工作能力及工作态度进行客观、公正的评价,充分发挥绩效考核体系的激励和促进作用,促使中层管理人员不断改善工作绩效,提高自身能力,从而提高企业的整体运行效率。
工作态度指标	在考核期内,从对工作的认真态度、努力态度、责任心、主动性等方面出发,衡量部门管理人员的工作态度。

5.1.3 管理层人员绩效考核内容

管理层人员的绩效考核内容主要包括工作业绩、核心能力及工作态度三个方面。

管理层人员的绩效考核方向	考核内容	所占考核比重
工作业绩	工作业绩考核是考核被考核者在一个考核周期内的工作效率与工作结果。	40%
核心能力	核心能力考核是综合被考核者在一个考核周期内由工作效果达成反映出来的应具备的核心能力状况。	35%

207

续表

| 工作态度 | 工作态度考核是考核被考核者对工作岗位的认知程度及为此付出努力的程度。 | 25% |

5.1.4 管理层人员绩效考核制度

制度名称	管理层人员绩效考核制度	受控状态	
		编　号	
执行部门		监督部门		编修部门	

第一部分　总则

第一条　目的

通过对员工的工作业绩、工作能力及工作态度进行客观、公正的评价，充分发挥绩效考核体系的激励和促进作用，促使中层管理人员不断改善工作绩效，提高自身能力，从而提高企业的整体运行效率。

第二条　考核范围

公司所有中层管理人员（包括各职能部门经理以上人员，但副总经理、总经理等不包括在内）。

第三条　考核实施机构

成立绩效考核领导小组，由总经理任组长，组员包括副总经理、各部门总监及人力资源部总监。

续表

第二部分 考核内容

第一条 考核内容主要包括工作业绩、核心能力及工作态度三个方面。它们在整个考核评价过程中所占的权重见下表。

考核内容权重表

考核内容	工作业绩	核心能力	工作态度
所占权重	40%	35%	25%

第二条 工作业绩考核是考核被考核者在一个考核周期内的工作效率与工作结果。

第三条 核心能力考核是综合被考核者在一个考核周期内由工作效果达成反映出来的应具备的核心能力状况。

第四条 工作态度考核是考核被考核者对工作岗位的认知程度及为此付出努力的程度。

第五条 考核者依据被考核者在一个考核周期内的表现和被考核者的自我述职报告,确定最终评定等级。

第六条 由于对于中层管理者的考核实际上就是对各系统经营与管理状况进行的全面系统的考察,因此,对于中层管理者的考核采取考核加述职的形式。

第七条 《中层管理人员绩效考核表》如下所示。

中层管理人员绩效考核表

姓名		入职时间		考核者	
职位		部　门		考核期	
一、个人业绩目标					
目标细分	考核指标	权重	完成状况	评分	说明

续表

1.				5-超越目标；3-符合目标；2-部分符合目标；1-不符合目标。
2.				
3.				
4.				
5.				
得 分 小 计				

二、岗位胜任能力

能力细分	1 2 3 4	评分	备注
1. 解决问题能力	☐ ☐ ☐ ☐		4-深入理解该胜任能力，在各种场合始终如一地表现出此方面的行为；3-良好地理解该胜任能力，在大部分情况下都能够表现出此方面的行为；2-基本理解胜任能力，在一般情况下能够表现出此方面的行为；1-处于开始学习的阶段，较少表现出该胜任能力所要求的行为。
2. 团队建设能力	☐ ☐ ☐ ☐		
3. 学习创新能力	☐ ☐ ☐ ☐		
4. 他人培养能力	☐ ☐ ☐ ☐		
5. 适应变化能力	☐ ☐ ☐ ☐		
6. 结果导向能力	☐ ☐ ☐ ☐		
7. 沟通协调能力	☐ ☐ ☐ ☐		
8. 决策分析能力	☐ ☐ ☐ ☐		
得 分 小 计			

续表

三、工作态度			
责任感强，尽职尽责	1 2 3 4	评分	4- 作为他人的榜样，向他人提供指导；3- 不需要他人的指导就能够表现该方面的要求；2- 有时需要他人的提醒和指导；1- 经常需要他人的指导，反馈后能够及时调整
注重团队协作精神	☐☐☐☐		
具有计划性、周密性	☐☐☐☐		
积极主动，富有热情	☐☐☐☐		
纪律性强，保守公司秘密	☐☐☐☐		
得 分 小 计			
评 估 总 分			

第八条 中层管理人员自我述职报告如下表所示。

中层管理人员自我述职报告

姓名		入职时间		考核者	
职位		部门		考核期	
年度工作总评：					
表现突出的方面及潜在能力：					
需要发展改进的方面：					

续表

计划采取的行动：		
被考核者 签字：　　日期：	考核者 签字：　　日期：	总经理 签字：　　日期：

第三部分 考核方式

第一条 对中层管理人员的考核主要分为上级考核、同级互评、下属民主测评及自我评价四种。四种方式所占权重如下表。

考核方式权重表

考核方式	上级考核	同级互评	下属民主测评	自我评价
所占权重	45%	30%	20%	5%

第二条 上级考核分数

由公司高层领导对本公司所有中层管理人员进行工作业绩、核心能力及工作态度评价，综合所有评价数据进行加权计算，得到上级考核最终分数。

第三条 同级互评分数

中层管理人员之间进行工作业绩、核心能力及工作态度互评，综合所有评价数据进行加权计算，得到同级互评最终分数。

第四条 下属民主测评分数

由被考核者直接下属对其进行工作业绩、核心能力及工作态度评价，综合所有评价数据进行加权计算，得到下属民主测评最终分数。

第五条 自我评价分数

由被考核者自己结合述职报告给出适当的分数。

第六条 考核最终分数确定

考核最终分数＝上级考核分数×45％＋同级互评分数×30％＋下属民主测评分数×20％＋自我评价分数×5％。

第四部分 考核结果及其运用

第一条 考核等级

考核等级可分为五个层次：A（优秀）、B（良好）、C（合格）、D（需要改进）、E（不合格）。

第二条 公司在原则上规定了考核等级与百分制成绩之间的关系，具体内容见下表。

考核等级与百分制成绩关系表

考核等级	A	B	C	D	E
考核分数	90分以上	80~89分	70~79分	60~69分	60分以下

第三条 考核等级之定义见下表。

考核等级之定义表

等级	定义	含义
A	优秀	实际业绩显著超过预期目标或岗位职责分工的要求，在目标或岗位职责要求所涉及的各个方面都取得非常突出的成绩。
B	良	实际业绩达到或超过预期目标或岗位职责分工的要求，在目标或岗位职责要求所涉及的主要方面取得比较突出的成绩。

续表

C	合格	实际业绩基本达到预期目标或岗位职责分工的要求，既没有突出的表现，也没有明显的失误。
D	需改进	实际业绩未达到预期目标或岗位职责分工的要求，在很多方面或主要方面存在着明显的不足或失误。
E	不及格	实际业绩远未达到预期目标或岗位职责分工的要求，在很多方面或主要方面存在着重大的不足或失误。

第四条 年度内中高层管理者的中期、年终考核，各部门内部员工的季度和月度考核均遵循下列比例强制分布（见下表），在具体实际操作过程中可进行适当的调整。

考核比例强制分布表

考核等级	A	B	C	D	E
分布比例	5%	60%	20%	10%	5%

第五部分 附则

第一条 本制度由公司人力资源部负责制定，报总经理审批后执行。

第二条 本制度解释权归公司人力资源部。

编制日期		审核日期		批准日期	
修改标记		修改处数		修改日期	

5.1.5 高级管理人员绩效考核表

<table>
<tr><td colspan="7" align="center">高级管理人员绩效考核表（上级考核）</td></tr>
<tr><td colspan="7">被考核者：　　　部门：　　　职位：　　　实施期：　年　月　日
考核期：　年　月　日至　　年　月　日　　　　　考核者：</td></tr>
<tr><td rowspan="2">考核项目</td><td rowspan="2">考核内容</td><td colspan="4" align="center">考核等级</td><td rowspan="2">分数</td><td rowspan="2">备注</td></tr>
<tr><td>出色</td><td>满意</td><td>称职</td><td>勉强</td></tr>
<tr><td>目标达成度</td><td>与绩效目标或与期望值比较，工作达成与目标或标准的差距，同时应考虑工作客观难度。</td><td>8-7</td><td>6-5</td><td>4-3</td><td>2-1</td><td></td><td></td></tr>
<tr><td>工作品质</td><td>仅考虑工作的品质，与期望值比较，工作过程、结果的符合程度（准确性、反复率等）。</td><td>8-7</td><td>6-5</td><td>4-3</td><td>2-1</td><td></td><td></td></tr>
<tr><td>工作速度</td><td>仅考虑工作的速度，完成工作的迅速性、时效性，有无浪费时间或拖拉现象。</td><td>8-7</td><td>6-5</td><td>4-3</td><td>2-1</td><td></td><td></td></tr>
<tr><td>费用控制</td><td>与目标或与期望值比较，实际费用控制程度及费用开支的合理性、必要性。</td><td>8-7</td><td>6-5</td><td>4-3</td><td>2-1</td><td></td><td></td></tr>
<tr><td>管理能力</td><td>把握下属的个性、才干，指导、辅导与激励下属，统一组织行动的能力及用人能力。</td><td>8-7</td><td>6-5</td><td>4-3</td><td>2-1</td><td></td><td></td></tr>
<tr><td>计划性</td><td>工作事前计划程度，对工作（内容、时间、数量、程序）安排分配的合理性、有效性。</td><td>4</td><td>3</td><td>2</td><td>1</td><td></td><td></td></tr>
<tr><td>协调沟通</td><td>与各方面关系协调，化解矛盾，说服他人，以及人际交往的能力。</td><td>4</td><td>3</td><td>2</td><td>1</td><td></td><td></td></tr>
</table>

续表

应变力	应对变化，采取措施或行动的主动性、有效性及工作中对上级的依赖程度。	4	3	2	1	
改善创新	问题意识强否，为了更有效工作，改进工作的主动性及效果。	4	3	2	1	
判断力	预见性及决策准确性，对事物发展的关键因素、发展趋势与机遇的把握程度。	4	3	2	1	
人才培养	对人才的重视程度及对储备人才的培养情况。	4	3	2	1	
周全缜密	工作认真细致及深入程度，考虑问题的全面性、遗漏率。	4	3	2	1	
全局观念	团队合作精神，立足全局，从整体出发考虑处理问题能力。	4	3	2	1	
以身作则	表率作用如何，是否严格要求自己，遵守制度纪律情况。	4	3	2	1	
工作态度	工作自觉性、积极性；对工作的投入程度，进取精神、勤奋程度、责任心、事业心等。	4	3	2	1	
执行力	对公司的战略、决策、计划的执行程度，及执行中对下级检查跟进程度。	4	3	2	1	
品德言行	是否做到廉洁、诚信与正直，是否具有职业道德，是否严格执行仪容仪表的要求。	4	3	2	1	

续表

员工管理	是否能保持较低的人员流动,创造和谐、高效、积极的工作氛围。	4	3	2	1	
保密意识	是否保密意识极强,处处为企业利益着想,不会泄露企业任何机密。	4	3	2	1	
身心健康	是否精力充沛,心理承受力强,能承担极大压力的工作。	4	3	2	1	
合 计				100		
考勤	病假_____次 事假_____次 旷工_____次 迟到早退_____次					
奖惩记录	奖: 惩:					

综合评价,你认为被考核者可以得到:A级 □ B级 □ C级 □ D级 □

缘由:

人力资源部最终核定:

审核人:

请给被考核者提几点意见:

请对公司的绩效管理制度和方法提几点意见:

5.1.6　下级对上级综合能力考核表

下级对上级综合能力考核表	
被评估人	
被评估人职务	
评估人	
评估人职务	
被评估的时间范围	自____年____月____日到____年____月____日
进行此次评估的日期	____年____月____日

评估步骤：

1. 下属单独填写此项评估，不需要和任何人进行讨论。

2. 如果下属不是直接由分公司经理领导，那么需要评估两位领导：直接上级以及当地分公司经理。

3. 填写完毕，注明本人姓名、职位以及被评估人的姓名和职位，独立发送给总部人力资源部。

4. 人力资源部汇总的评估分数和评估意见，暂时作为内部审核参考意见，上交总部的首席执行官，不向被评估人进行反馈。

5. 如果有必要对被评估人进行反馈，我们会先征求评估人的意见，请在以下的选择中打钩注明下属的意愿：

A. 可以记名形式向被评估人反馈此评估表的内容。

B. 可以不记名形式向被评估人反馈此评估表的内容。

C. 绝对不可以向被评估人反馈此评估表的内容。

6. 人力资源部会对评估人的意见及其结果高度保密。

7. 员工业绩表现评定分数：

续表

5分——非常优秀

4分——很好

3分——合格、称职

2分——需要改进

1分——不称职

对上述各评定分数均需做出评语，对3分以下的评定要提出改进的建议。

1. 授权/控制能力	评分				
(1) 善于分配权力，积极传授工作知识，引导下属达成任务	5	4	3	2	1
(2) 对下属的工作进行跟进、回顾，确保目标达成	5	4	3	2	1
(3) 善于给下属及时反馈和评价	5	4	3	2	1
(4) 善于放手让下属去工作，及时地鼓励他们乐于协作的精神	5	4	3	2	1
(5) 善于用人所长，有效分配工作，并给予相应的权利和责任	5	4	3	2	1
(6) 妥善处理工作中的失败和临时追加的工作任务	5	4	3	2	1
评语					
2. 专业知识评分	评分				
(1) 熟悉工作要求、技能和程序	5	4	3	2	1
(2) 熟悉本行业及本岗位的操作流程及规范	5	4	3	2	1
(3) 熟悉并了解对其工作领域产生影响的政策、实际情况及发展方向	5	4	3	2	1
(4) 工作中使用工具的熟练情况及专业知识（例如分析工具、器材、电脑软件等）	5	4	3	2	1

续表

(5) 了解下属工作职责及工作成果标准	5	4	3	2	1
评语					

3. 主动性和创造性	评分				
(1) 为达到工作目标而积极地做出具有影响力的尝试	5	4	3	2	1
(2) 主动开展工作而非一味被动接受分配任务	5	4	3	2	1
(3) 从有限的资源中创造出尽可能多的成果	5	4	3	2	1
(4) 主动开展工作,力求超越预期目标	5	4	3	2	1
(5) 将有创造性的思想加以完善	5	4	3	2	1
(6) 勇于向传统模式提出挑战并进行有创造性的尝试	5	4	3	2	1
评语					

4. 对业务部门的关注程度	评分				
(1) 对内部及外部业务部门能够坚持关注其期望值及需求	5	4	3	2	1
(2) 对业务部门的需求进行积极响应并及时提出改进办法	5	4	3	2	1
(3) 以业务部门为中心进行交谈并立即付诸行动	5	4	3	2	1
(4) 赢得业务部门的信任和尊重	5	4	3	2	1
评语					

续表

5. 培养及领导下属的能力	评分			
(1) 根据工作任务的需要，能够清晰地确定沟通的主题和目标	5	4	3	2	1
(2) 通过各种方式创造使人愿意沟通的气氛，并鼓励下属分享信息资源	5	4	3	2	1
(3) 能够全面、实时并及时地完成工作评估	5	4	3	2	1
(4) 能够经常提供建设性的反馈及指导意见	5	4	3	2	1
(5) 能够协助下属确定未来具有挑战性的目标，并能培养职位接班人	5	4	3	2	1
(6) 能够与下属建立双向沟通并持续关注（下属、组员或同级）的工作	5	4	3	2	1
(7) 培养自己及员工对于公司事业的使命感和热情	5	4	3	2	1
评语					

6. 判断力及时效性	评分			
(1) 判断准确并能够同时考虑到其他选择的后果	5	4	3	2	1
(2) 能够及时并根据工作时间表做出判断	5	4	3	2	1
(3) 尽管付诸行动时存在不确定性，但能够对风险进行有效控制并完成工作	5	4	3	2	1
(4) 能够针对严重问题提出解决意见	5	4	3	2	1
(5) 能够判断潜在的问题及形式	5	4	3	2	1
评语					

续表

7. 沟通能力评分	评分				
(1) 能够倾听并表达自己对有关信息的认知	5	4	3	2	1
(2) 能够征求意见并做出积极的回应	5	4	3	2	1
(3) 能够通过书面和口头形式简明扼要地进行正确表达并产生同样的效果	5	4	3	2	1
(4) 能够撰写高水平的书面材料并进行演示与培训	5	4	3	2	1
(5) 能够准确传达书面材料	5	4	3	2	1
(6) 能够在有关交谈中引述相关资讯	5	4	3	2	1
(7) 注重培养来自思想、行为和情感的影响力（而不仅是职务权力）	5	4	3	2	1
评语					

8. 工作责任心评分	评分				
(1) 严格按照制度及流程体系工作	5	4	3	2	1
(2) 可信度和可依赖度	5	4	3	2	1
(3) 接受工作任务情况及本人对完成工作的投入程度	5	4	3	2	1
(4) 乐于与其他人共事并提供协助	5	4	3	2	1
(5) 能够节约并有效控制开支	5	4	3	2	1
(6) 能够对其他人起到榜样的作用	5	4	3	2	1
评语					

续表

9. 计划性及创新能力评分	评分				
(1) 能够有效制订自我工作计划及辅导下属制订详尽工作计划并确定资源	5	4	3	2	1
(2) 能够准确划定工作和项目的期限及难度	5	4	3	2	1
(3) 能够预测问题并制定预案	5	4	3	2	1
(4) 主动、有针对性地寻找资源和途径以学习新知识、新技能、新思路	5	4	3	2	1
(5) 善于将改进、创新的成果文字化、知识化、制度化	5	4	3	2	1
(6) 持续不断地改进本职工作范围内的工作方法、流程	5	4	3	2	1
评语					

10. 工作质量及员工关怀评分	评分				
(1) 对工作中的细节及准确度给予应有的重视	5	4	3	2	1
(2) 能够按时高质量地完成工作	5	4	3	2	1
(3) 准确完成工作并体现出应有的专业水平	5	4	3	2	1
(4) 毫无保留地通过不同方式培养人（下属、组员或同级），传授自身的知识与技能	5	4	3	2	1
(5) 对下属取得的成绩给予及时的认可和激励	5	4	3	2	1
(6) 主动与下属、组员或同级保持联络，力所能及地解决工作及生活中的困难，从而建立和加强长期、稳固的伙伴合作关系	5	4	3	2	1
评语					

续表

11. 团队精神评分	评分				
(1) 能够与本部门人员一起有效地工作并共同完成本组织工作目标	5	4	3	2	1
(2) 能够与下属分享信息，乐于协助同事解决工作中的问题	5	4	3	2	1
(3) 能够以行动表达对他人需求的理解以及成就的赞赏	5	4	3	2	1
(4) 能够与他人共享成功的喜悦	5	4	3	2	1
评语					

评估人对被评估人的综合能力概述：

评估人签名：＿＿＿＿＿＿＿＿

5.2 普通员工的绩效考核

5.2.1 普通员工的绩效考核标准

评价因素	内容	得分
基本情况 20分	1. 出勤、事假扣2分/天，早退或迟到扣1分/天	
	2. 失误扣5分/次，优秀员工加5分/次 失误：＿＿＿次，当选优秀员工：＿＿＿次	
工作态度 50分	3. 工作责任心强、认真、努力，积极为公司着想	
	4. 遵章守纪，坚持原则	
	5. 重礼仪、懂礼貌、言行得体	
	6. 关心集体，积极参与各项集体活动	
	7. 工作积极主动，任劳任怨，勇于克服困难	

续表

工作协作性40分	8. 服从指挥，理解上级指示，正确处理公司内外部关系	
	9. 能够与本部门同事主动配合，团结协作	
	10. 与本公司其他部门人员沟通良好，积极配合业务开展	
	11. 积极向上，不说、少说或不干对公司不利的话或事，起表率作用	
工作能力和成绩70分	12. 无失职或造成投诉的行为	
	13. 完成了岗位职责规定的任务	
	14. 具有良好的专业知识，业务熟练，能胜任本职工作	
	15. 快速、及时、低成本地完成本职工作	
	16. 具有独立解决问题的能力和应变能力	
	17. 工作中能发现问题、创造性地解决问题，善于处理突发事件	
	18. 工作效率高，有感召力，发展潜力大	
合计得分	被考核者	

说明：表中每项最多评10分，可填0~10分。基本情况由公司的打卡机和档案记录获得，无须人为评估，失误指记录在案的较严重的不良行为。

5.2.2 普通员工绩效考核制度

制度名称	普通员工绩效考核制度	受控状态	
		编　　号	
执行部门		监督部门		编修部门	

第一部分　总则

第一条　目的

1. 为了完善公司内部的分配机制，体现分配的公平性和激励作用，充分发挥员工的积极性和创造性，培育和发展适合公司需要的人力资源队伍，强化战略导向，保证企业经营发展目标的实现，公司决定实行本绩效考核制度。

2. 本制度旨在提高员工的绩效，强调考核过程中上下级的沟通与指导，以及员工之间的交流与学习。

3. 通过绩效考核激励员工，奖罚分明，提高员工、部门及公司整体绩效；发挥员工的积极性和创造性，保证公司经营目标的实现。

4. 通过绩效考核促进上下级沟通和各部门间的相互合作。

5. 通过绩效考核结果为绩效薪资与年终奖金的核算及发放提供依据；为员工调级调薪、工作指导、培训等提供依据。

第二条　绩效内容

绩效包含工作业绩与工作效率，本制度所有绩效均指此意。

第三条　适用范围

适用公司所有在岗正式职工、返聘人员及其他临时性人员和协议人员等。

续表

第四条 原则

1. 以提高员工、部门及公司整体绩效为导向。

2. 定量考核与定性考核相结合。

3. 结果考核与过程考核相结合。

4. 考核结果及时反馈原则。

5. 公开、公平、公正原则。

6. 激励与约束相结合原则。

第五条 组织机构及其职责

1. 绩效薪酬委员会：作为绩效考核的领导、监督、仲裁机构。主要负责绩效方案的审批、绩效目标责任书的审批、考核结果的最终审批、考核申诉的最终裁定等。

2. 人力资源部：是绩效考核工作的组织实施机构。负责员工绩效考核组织、协调、督促、检查、申诉调解、总结等工作。

3. 其他各相关部门：是绩效考核的具体实施者。负责部门内员工绩效考核的实施、考核结果的汇总、考核的反馈与沟通。

第二部分 考核内容及形式

第一条 员工考核内容

工作业绩、工作态度和特别加扣分项。

第二条 普通员工的考核方法及考核结果运用

1. 对普通员工的考核实行月度考核、年度总评的方式。考核结果分为优秀、良好、称职、基本称职、不称职五个级别。

2. 每月月初，员工根据岗位说明书、本部门月度工作计划和本部门年度绩效目标责任书，编写本人月度工作计划目标，上报直接上级领导审核修订后双方确认签字，作为月度考核的依据。若当月计划执行过程中出现需调整或增加目标情况，上级领导可与员工共同协商予以确认，月末考核依据变更后的目标书进行。

续表

第三条 普通员工月度考核权重分配比例

工作业绩占80分，工作态度占20分，满分100分。特别加扣分项上下限为10分。工作业绩分来源于月初双方确认的目标责任书；工作态度评价可以由直接上级做出，也可以由直接上级和部门同事联合做出；特别加扣分项主要来源于目标之外的又无法用工作态度来评价的一些重要、突发事项或情况（包括员工正反两方面的极限行为），特别加扣分项不含在总分100分之内，由员工直接领导进行考核评分。

第四条 普通员工年度绩效总成绩

普通员工年度绩效总成绩为全年12个月考核成绩的平均值。为避免年度总成绩的平均化倾向，各部门年度考核优秀员工的比例不能超过部门内普通员工总数的15%，良好员工的比例不能超过部门内普通员工总数的25%。

第五条 员工月季度考核结果与绩效薪资

员工月度考核结果直接与当月绩效薪资挂钩，年度考核结果直接与年终奖金挂钩。此外，员工考核结果还将与调薪、培训和年终评选等相联系。

1.当年度考核总成绩为优秀者，薪资在岗级内晋升一级；累计两年考核总成绩为良好者，薪资在岗级内晋升一级。

2.年度考核总成绩为优秀的员工，将直接具备公司年度评选的候选人资格。

3.对考核成绩持续表现优良者，可作为重点培养对象，增加相应的培训。

4.年内受到各种处分或出勤率不到95%的，一律不得评为优秀或良好。

5.普通员工实行末位淘汰制，每半年各部门员工考核末位淘汰比例为部门内普通员工总数的1%~3%。末位人员统一在原单位接受在岗培训，培训期为3个月，培训期间按照最低薪资标准发放。3个月培训期满经考核合格后可重新上岗，不合格的，继续培训3个月，期满经考核仍不合格或两年内末位次数累计达到两次的，公司将予以辞退，并不支付经济补偿金。

第六条 成绩与工作业绩成绩的校验

部门考核结果和员工考核结果出来后，部门考核扣分项必须和部门内

续表

员工扣分相对应,即校验部门职责是否确实分解落实到部门内部员工的职责上面,若发现有部门差错和员工差错无法对应的情况,则由人力资源部进行分析,并组织对涉及部门或员工重新进行考核评分。

第三部分 附则

第一条 本规定由人力资源部负责制定,修改时亦同。

第二条 本规定自下发之日起执行。

编制日期		审核日期		批准日期	
修改标记		修改处数		修改日期	

5.2.3 员工考核表

<table>
<tr><td colspan="6" align="center">员工考核表</td></tr>
<tr><td colspan="2">编号</td><td></td><td>考核日期</td><td colspan="2"></td></tr>
<tr><td colspan="2">姓名</td><td>年龄</td><td>部门</td><td>职务</td><td></td></tr>
<tr><td>序号</td><td>考核项目</td><td colspan="3">评分标准</td><td>分值</td><td>得分</td></tr>
<tr><td>1</td><td>出勤率</td><td colspan="3">(1) 定时出勤、按时到岗,出勤率100%。(10分)
(2) 每迟到、早退一次(-1分);累计三次以上(-5分)
(3) 每旷工一次(-2分),累计旷工两次以上(-10分)
(4) 按公司制度请假并有相关手续时不扣分。</td><td>10</td><td></td></tr>
</table>

续表

2	工作态度	(1) 工作勤奋努力、态度端正,不计较个人得失。(10分) (2) 对交办的本职工作不认真完成、应付了事。(-3分) (3) 不愿接受交办的本职工作,经常推诿或不满。(-5分) (4) 拒绝接受交办的本职工作且无正当理由。(-8分) (5) 顶撞上级、无理取闹、不服从管理。(-10分)	10
3	工作效率	(1) 方法灵活、触类旁通,能按时完成本职工作。(10分) (2) 工作忙乱无方法,但能按时完成本职工作。(-3分) (3) 具备一定的工作方法,但效率低下、偶尔不能按时完成本职工作。(-5分) (4) 工作慌乱、毛手毛脚,常不能按时完成本职工作。(-8分) (5) 无方法、无策划,不能按时完成本职工作。(-10分)	10
4	完成质量	(1) 工作成绩突出、质量优良,能准确把握领导意图。(10分) (2) 工作成绩较为出色,领导较为满意。(-2分) (3) 工作成绩一般,在领导指导下基本合格。(-5分) (4) 工作成绩较差,经常返工仍不符合领导要求。(-8分) (5) 无法达到领导要求。(-10分)	10
5	岗位技能	(1) 业务精湛、游刃有余,完全胜任本职工作。(10分) (2) 业务熟练,具备足够的专业知识。(-2分) (3) 业务技能一般,勉强胜任本职工作。(-5分) (4) 业务不熟,常需领导把关。(-8分) (5) 不懂本岗位知识,无法胜任本职工作。(-10分)	10
6	沟通合作	(1) 善于沟通,能积极与人合作,有良好的团队精神。(10分) (2) 沟通协调能力一般,但能与他人合作完成任务。(-2分) (3) 沟通协调能力较差,不善于与他人合作。(-5分) (4) 具备一定的沟通能力,但不愿与他人合作。(-8分) (5) 不会与人沟通,不愿与他人合作,工作难以进行。(-10分)	10

续表

7	敬业精神	(1) 热爱企业，忠于职守，责任心强，为他人楷模。（10分） (2) 工作需要监督，责任心不强，缺乏主动积极性。（-4分） (3) 对本职工作不满，经常脱岗或影响他人正常工作。（-6分） (4) 凡事以个人为中心，假公济私，不关心企业发展。（-8分） (5) 破坏公司财物，违法乱纪，诋毁企业声誉。（-10分）	10	
8	策划创新	(1) 思维活跃，有创新意识，具备远见卓识，常能提出合理化建议。（10分） (2) 能完成交办的工作，但方法单一，不会举一反三。（-3分） (3) 对新生事物不愿理睬，无创新意识或分析能力差。（-5分） (4) 思维迟钝，畏首畏尾，逆来顺受，无个人见解。（-8分） (5) 思想古板，因循守旧，拒绝接受新生事物。（-10分）	10	
9	个人成长	(1) 勤奋好学、不断提高，能推动企业发展。（10分） (2) 具备一定的学习能力，但方法不当、进步缓慢。（-3分） (3) 对学习认识不清，目标模糊，不知从何处入手。（-5分） (4) 安于现状，不思进取，无奋斗目标。（-8分） (5) 骄傲自满，刚愎自用，不爱学习。（-10分）	10	

续表

10	综合素质	(1) 道德高尚、成熟干练，适应能力强，具开发价值。（10分） (2) 有一定的道德素质，通过培养具备企业所需条件。（-2分） (3) 精神面貌不佳，行为怪异，好高骛远，适应能力差。（-5分） (4) 性格骄纵，遇事冲动，蛮横无理，不受欢迎。（-8分） (5) 道德败坏，言行不一，弄虚作假，以权谋私。(-10分)	10
总分			
被考核者近期要求或期望	签字：　　　　　年　月　日		
考核者评语或建议	签字：　　　　　年　月　日		

5.2.4　试用期员工绩效考核制度

制度名称	试用期员工绩效考核制度	受控状态	
		编　　号	

第一部分　总则

第一条　目的

掌握试用期员工的工作状态与表现，及时对表现优异的试用员工进行奖励，对不合格的试用员工进行淘汰，形成良性循环用人机制。

第二条　适用范围

本制度适用于公司所有试用期人员。

第三条　原则

1. 以考核试用期人员的胜任力为导向，遵循多角度考核原则。
2. 在公平、公正、公开原则下，采用定量考核与定性考核相结合原则。

第二部分　管理职责

第一条　行政事业部职责

本制度由行政事业部管理，负责组织、实施试用期员工绩效考核，并对试用期员工的绩效考核结果与员工所在部门主管进行沟通，做出处理意见。

第二条　各部门职责

各个部门作为试用期员工绩效考核的主体，应根据本制度客观、真实、及时地对本部门试用期员工进行绩效考核，并将绩效考核结果与试用期员工沟通后上报至行政事业部。

第三条 试用期员工职责

试用期员工应积极配合部门主管完成绩效考核工作。

第三部分 绩效考核

第一条 考核周期

试用期员工每月考核一次。每月15日前入职的员工参与当月绩效考核，15日后入职的员工不参与当月绩效考核。

第二条 考核流程

1. 员工所在部门直接上级每月2日前与员工沟通后制定《试用期员工绩效考核表》，报人力资源部。

2. 每月3日前，员工做上一月度工作总结，并填写《试用期员工绩效考核表》自评部分，交于直接上级。

3. 员工所在部门直接上级据实填写《试用期员工绩效考核表》，计算员工绩效考核结果，于5日前交给人力资源部。

4. 人力资源部汇总绩效考核结果，根据公司相关规定做出相应的处理。

第三条 考核项目

考核项目是考核考核对象的不同角度和不同方面，包括业绩考核、行为态度考核、出勤考核。

1. 业绩考核，指被考核者所取得的工作成果，考核范围包括每个岗位的岗位职责指标，任务目标完成情况对岗位的熟悉程度等。业绩考核的指标由试用期员工的直接上级制定。考核比重占总绩效的70%。

2. 行为态度考核，指对试用期员工在工作过程中表现出来的行为情况的考核。考核比重占总绩效的20%。

3. 出勤考核，指对试用期员工在考核周期内出勤情况（包括迟到、早退、旷工、请假）进行考核。考核比重占总绩效的10%。

续表

第四条 考核方式

考核方式为员工自评加上级考核。员工自评绩效结果占总绩效结果的 10%，上级考核绩效结果占总绩效的 90%。

第五条 等级划分

绩效等级	优秀	良好	合格	差
绩效得分	90~100 分	80~90 分	60~70 分	60 分以下

第六条 考核申诉

若员工对于绩效考核结果有疑义，可以在绩效考核结果公布后两日内向人力资源部提出考核申诉。人力资源部根据员工反映情况进行调查，于收到申诉后两日内做出申诉处理意见。

第四部分 附则

第一条 本制度的编写、修改及解释权归人力资源部所有。

第二条 本制度自发布之日起开始执行。

执行部门		监督部门		编修部门	
编制日期		审核日期		批准日期	

5.3 技术开发人员的绩效考核

5.3.1 技术开发人员绩效考核制度

制度名称	技术开发人员绩效考核制度	受控状态	
		编　号	
执行部门		监督部门		编修部门	

第一部分　总则

第一条 目的

通过对企业技术开发人员的工作业绩、工作能力及工作态度进行客观、公正的评价，充分发挥绩效考核体系的激励和促进作用，促使企业技术开发人员不断改善工作绩效，提高技术开发水平，从而提高企业的整体技术水平。

第二条 考核范围

企业全体技术开发人员。

第三条 考核实施机构

绩效考核小组。

续表

第二部分 考核内容

第一条 考核内容主要包括工作态度、工作基础能力、业务熟练程度、工作责任感、工作协调性、自我启发能力等方面。

评价分类	评价内容
工作态度	1. 工作态度认真。 2. 细心完成任务。 3. 工作效率高。 4. 遵循上级领导的指示。 5. 做到每日工作汇报。
工作基础能力	1. 精通工作内容,具有独立处理工作的能力。 2. 掌握工作重点。 3. 正确理解并传达上司的工作指示。 4. 严守岗位规则。 5. 在既定的时间内完成工作。
业务熟练程度	1. 掌握并有效推行技术的革新。 2. 对于技术故障随机应变。 3. 开创技术革新。 4. 与合作方顺利沟通。 5. 开拓新的工作任务。
工作责任感	1. 具有工作责任感,在规定期内完成企业工作。 2. 处理各项技术事宜,并避免过错的发生。 3. 预想过错的可能性,并想出预防的策略。
工作协调性	1. 重视与部门其他人的沟通。 2. 与部门同事协调工作。

续表

自我启发能力	1. 积极吸收新的技术知识。 2. 以市场动向制定新的技术发展方向。 3. 制定长期的工作目标。

第三部分 考核方式

第一条 对技术开发人员的考核主要分为上级考核、同级互评、自我评价三种。三种方式所占权重如下表。

考核方式	上级考核	同级互评	自我评价
所占权重	65%	25%	10%

第二条 上级考核分数

由公司部门领导对本管理层部门技术人员进行工作业绩、核心能力及工作态度评价，综合所有评价数据进行加权计算，得到上级考核最终分数。

第三条 同级互评分数

技术处理人员之间进行工作业绩、核心能力及工作态度互评，综合所有评价数据进行加权计算，得到同级互评最终分数。

第四条 自我评价分数

由被考核者自己结合述职报告给出适当的分数。

第四部分 考核结果及其运用

第一条 考核等级

考核等级是部门主管对员工绩效进行综合评价的结论。考核成绩可分为五个层次：A（优秀）、B（良好）、C（合格）、D（需要改进）、E（不合格）。

第二条 公司在原则上规定了考核等级与百分制成绩之间的关系，具体内容见下表。

续表

考核等级与百分制成绩关系表

考核等级	A	B	C	D	E
考核分数	90分以上	80~89分	70~79分	60~69分	60分以下

第三条 考核等级之定义见下表。

考核等级之定义表

等级	定义	含义
A	优秀	实际技术开发率显著超过预期或岗位职责分工的要求，在计划或岗位分工要求所涉及的各个方面都取得非常突出的成绩。
B	良	实际技术开发率达到或超过基本要求计划或岗位职责分工的要求，在计划或岗位分工要求所涉及的主要方面取得比较突出的成绩，
C	合格	实际技术水平基本达到要求，既没有突出的表现，也没有明显的失误。
D	需改进	实际技术水平未达到岗位职责的要求，在很多方面或主要方面存在着明显的不足或失误。
E	不及格	实际技术水平远未达到岗位分工的要求，在很多方面或主要方面存在着重大的不足或失误。

第五部分 附则

第一条 本制度由公司人力资源部负责制定，报总经理审批后执行。

第二条 本制度解释权归公司人力资源部所有。

编制日期		审核日期		批准日期	
修改标记		修改处数		修改日期	

5.4 广告公关人员的绩效考核

5.4.1 广告公关人员的岗位职责

1. 负责市场公关计划的制定和执行，配合企业项目，提供公关方面的支持。

2. 负责市场公关活动的策划与监督实施。

3. 负责企业的品牌形象和危机处理。

4. 负责提供市场公关活动策略并对市场整体战略提供建议。

5. 建立并维护与公共媒体之间的关系，制定与实施企业的媒体公关宣传。

6. 进行企业相关新闻稿的撰写。

5.4.2　广告公关人员绩效考核制度

制度名称	广告公关人员绩效考核制度	受控状态	
		编　号	
执行部门		监督部门		编修部门	

第一部分　总则

第一条　目的

为完善企业的绩效管理制度体系，鼓舞员工的工作热情，提高工作积极性和工作创造力，促进企业产品的营销，维护企业的正常发展，特制定本方案。

第二条　考核原则

1. 遵循考核流程透明原则：保证在绩效考核的过程中，所有考核流程、考核方法和考核指标明确清晰，规则透明。

2. 上下级随时沟通：在绩效考核过程中，考核者与被考核者保持随时沟通。考核者及时给予被考核者工作方面的指导，帮助被考核者提高公关能力。

3. 客观原则：考核结果需以各项数据为事实依据。

4. 薪酬挂钩原则：广告公关人员的绩效考核结果直接与其薪酬挂钩。

第三条　适用范围

本制度适用于企业广告公关部门人员。

第四条　考核标准

1. 广告公关人员业绩考核标准为公司当月的广告收入指标和目标，公司将会每季度调整一次。

2. 广告公关人员行为考核标准。

（1）执行遵守公司各项工作制度、考勤制度、保密制度和其他公司规定的行为表现。

（2）履行本部门工作的行为表现。

（3）完成工作任务的行为表现。

（4）遵守国家法律法规、社会公德的行为表现。

（5）其他。

其中，当月行为表现合格者为 0.6 分以上，行为表现良好者为 0.8 分以上，行为表现优秀者为满分 1 分。如当月有少数突出表现者，突出表现者可以最高加到 1.2 分。

如当月有触犯国家法律法规、严重违反公司规定而发生工作事故、发生工作严重失误者，行为考核分数一律为 0 分。

第五条 考核内容与指标

广告公关人员绩效考核表如下表所示。

广告公关人员绩效考核表

考核项目	考核指标	权重	评价标准	评分
工作业绩	定量指标	公关事件处理率	30%	考核标准为 100%，每低于 5%，扣除该项 1 分。	
		广告收入增长率	10%	与上一月度或年度的广告收入相比，每增加 1%，加 1 分，出现负增长不扣分。	
		广告回款率	30%	超过规定标准以上，以 5% 为一档，每超过一档，加 1 分，低于规定标准的，为 0 分。	
		新客户开发	15%	每新增一个客户，加 2 分。	
	定性指标	市场信息搜集	5%	1. 在规定的时间内完成市场信息的搜集，否则为 0 分。 2. 每月搜集的有效信息不得低于＿＿条，每少一条扣 1 分。	
		公关稿采用率	5%	公关稿每采用一次，此项加 5 分。	
		团队协作	5%	因个人原因而影响整个团队工作的情况出现一次，扣除该项 5 分。	

续表

工作能力	专业知识	5%	1分：了解公司目标客户。 2分：熟悉本行业及市场的更新发展。 3分：熟练掌握本岗位所具备的专业知识，但对其他相关知识了解不多。 4分：熟练掌握业务知识及其他相关知识，能有效解决专业性问题。	
	市场判断能力	5%	1分：较弱，不能及时做出正确的分析与判断。 2分：一般，能对问题进行简单的分析和判断。 3分：较强，能对复杂的问题进行分析和判断，但不能灵活地运用到实际工作中。 4分：强，能迅速地对大环境做出较为正确的判断，并能灵活运用到实际工作中及时应对公关问题。	
	钻研能力	5%	1分：对工作信息有一定的整理能力。 2分：能多渠道地搜集信息，进行分类整理。 3分：能对工作信息进行多渠道的整理分析。 4分：能对工作信息进行多渠道的分析整理，解决专业性问题。	
	突发事件应变能力	5%	应对突发事件，能灵活地采取相应的措施。	
工作态度	员工出勤率	2%	1. 月度员工出勤率达到100%，得满分，迟到一次，扣1分（3次及以内）。 2. 月度累计迟到3次以上者，该项得分为0。	
	日常行为规范	2%	违反一次，扣2分。	
	责任感	3%	0分：工作马虎，不能保质、保量地完成工作任务且工作态度极不认真。 1分：自觉地完成工作任务，但对工作中的失误，有时推卸责任。 2分：自觉地完成工作任务且对自己的行为负责。 3分：除了做好自己的本职工作外，还主动承担公司内部额外的工作。	
	危机意识	3%	不能及时发现危机事件，扣3分。	

第六条 考核方法

1. 员工考核时间：下个月的第 5 个工作日。

2. 员工考核结果公布时间：下一月的第 7 个工作日。

3. 员工考核挂钩收入的额度：月工资的 30%；业绩考核额度占 25%；行为考核额度占 5%。

第七条 考核程序

1. 业绩考核，按考核标准由人力资源部统一组织考核。

2. 行为考核，由广告公关部门经理执行。

第八条 考核结果

1. 业绩考核结果每月公布一次，部门行为考核结果（部门平均分）每月公布一次。

2. 员工行为考核结果每月通知到被考核员工个人，员工之间不应互相打听。

3. 每月考核结果除了与员工当月收入挂钩以外，其综合结果也是公司决定员工调整工资级别、职位升迁和人事调动的重要依据。

4. 如员工对当月考核结果有异议，请在考核结果公布之日起一周内向本部门经理或人力资源部提出。

第二部分 附则

第一条 本制度自发布之日起开始执行。

第二条 本制度的编写、修改及解释权归人力资源部所有。

编制日期		审核日期		批准日期	
修改标记		修改处数		修改日期	

5.5 销售促销人员的绩效考核

为激励销售人员的工作热情，提高工作绩效，积极拓展市场，促进公司产品的营销，维护公司的正常发展，对销售促销人员进行绩效考核。

5.5.1 销售人员能力考核表

分类		评价内容	满分	第1次	第2次	调整
工作态度	1	能全心全意地工作，且能成为企业销售工作的模范	10			
	2	细心地完成任务	5			
	3	做事敏捷、效率高	5			
	4	具备商品知识，能应对顾客的需求	5			
	5	不倦怠，且正确地向上司报告	5			

续表

基础能力	6	精通职务内容，具备处理事务的能力	5			
	7	掌握职务上的要点	5			
	8	正确掌握上司的指示，并正确地转达	5			
	9	严守报告、联络、协商的规则	5			
	10	在既定的时间内完成工作	5			
业务熟练程度	11	掌握工作的进度，并有效地进行工作	5			
	12	能随机应变	10			
	13	有价值概念，且能创造新的价值概念	5			
	14	善于与顾客交涉，且说服力强	5			
	15	善于与顾客交际应酬，且不浪费时间	5			
责任感	16	树立目标，并朝目标前进	5			
	17	有信念，并能坚持	10			
	18	有开拓新业务的热情	10			
	19	预测过失的可能性，并想出预防的决策	5			
协调性	20	做事冷静，绝不感情用事	5			
	21	与他人协调的同时，也朝自己的目标前进	5			
	22	在工作上乐于帮助同事	5			
	23	尽心尽力地服从与自己意见相左的决定	10			
	24	有卓越的交涉与说服能力，且不与他人对立	5			
自我启发	25	以市场的动向树立营业目标	10			
	26	有进取心、决断力	10			
	27	积极地革新	5			
	28	即使是自己分外的事，也能做企划或提出提案	10			
	29	热衷于吸收新情报或知识	10			
	30	以长期的展望制定目标或计划，并付诸行动	10			
		评价分数合计	200			

说明：本表从工作态度、基础能力、业务熟练程度、责任感、协调性、自我启发等六大方面对销售人员进行了全面考核，方便企业对销售人员的素质有一个全面了解。

评分标准：180分以上为优秀，150~179分为良好，120~149分为中等，100~119分为及格，未满100分为不及格。

5.5.2 销售人员绩效考核表

\multicolumn{10}{c	}{销售人员绩效考核表}
姓名		负责区域		入职时间			考核期限	
考核项目	编号	考核指标	权重	分值	绩效表现	得分	合计	备注
工作绩效（70%）	1	个人原因客户投诉	10%	10				
	2	销售费用节省率	5%	5				
	3	市场调查及信息搜集	10%	10				
	4	市场开拓	10%	10				
	5	报告提交	5%	5				
	6	实施客户培训	5%	5				
	7	销售政策执行	10%	10				
	8	经销商评价	5%	5				
	9	学习与发展	5%	5				
	10	团队协作	5%	5				

续表

工作能力 (20%)	1	专业知识	5%	5					人力资源部提供数据
	2	工作效率	5%	5					
	3	解决问题能力	5%	5					
	4	沟通能力	5%	5					
工作态度 (5%)	1	考勤情况（部门1.5%，个人1.5%）	1%	1					
	2	制度遵守情况（部门1.5%，个人1.5%）	2%	2					
	3	责任感	2%	2					
客观评价 (5%)	1	内部同事评价	2%	2					人力资源部组织
	2	外部同事评价	2%	2					
	3	自我评价	1%	1					
奖罚评分 ±5%	1	突出贡献或重大损失	±5%	5					
总计									
绩效考核结果	评定等级		优秀	良好	合格	一般	不称职	考核者确认	时间	被考核人确认
	部门初评									
	公司审核确定									
绩效考核确认		部门确认	部门经理		人力资源部		行政部门经理	总经理		
	签名									
	时间									

5.5.3 销售促销人员绩效考核制度

制度名称	销售促销人员绩效考核制度	受控状态	
		编　号	
执行部门		监督部门		编修部门	

第一部分　总则

第一条　目的

为鼓舞销售人员工作热情，提高工作绩效，积极拓展市场，促进公司产品的营销，维护公司的正常发展，特制定本方案。

第二条　原则

本制度采用定性与定量相结合的方法，用公平、公正、合理的方式来评估考核公司各销售人员工作绩效及绩效薪资，以提倡竞争、激励先进、鞭策落后。

第三条　适用范围

本制度适用于公司全体销售人员。

第二部分　销售考核原则与标准

第一条　考核原则

1. 业绩考核（定量）与行为考核（定性）相结合。
2. 定量做到严格以公司收入业绩为标准，定性做到公平客观。
3. 考核结果与员工收入挂钩。

第二条 考核标准

1. 业绩考核标准为公司当月的营业收入指标和目标,公司将会每季度调整一次。

2. 行为考核标准。

(1) 执行遵守公司各项工作制度、考勤制度、保密制度和其他公司规定的行为表现。

(2) 履行本部门工作的行为表现。

(3) 完成工作任务的行为表现。

(4) 遵守国家法律法规、社会公德的行为表现。

(5) 其他。

其中,当月行为表现合格者为0.6分以上,行为表现良好者为0.8分以上,行为表现优秀者为满分1分。如当月有少数突出表现者,突出表现者可以最高加到1.2分。

如当月有触犯国家法律法规、严重违反公司规定而发生工作事故、发生工作严重失误者,行为考核分数一律为0分。

第三部分 销售考核相关内容

第一条 考核内容与指标

销售人员绩效考核表如下表所示。

续表

考核项目	考核指标	权重	评价标准	评分
工作业绩	定量指标 销售完成率	35%	销售完成率＝实际完成销售额÷计划完成销售额×100%。考核标准为100%，每低于5%，扣除该项1分。	
	销售增长率	10%	与上一月度或年度的销售业绩相比，每增加1%，加1分，出现负增长不扣分。	
	销售回款率	20%	超过规定标准以上，以5%为一档，每超过一档，加1分，低于规定标准的，为0分。	
	新客户开发	15%	每新增一个客户，加2分。	
	定性指标 市场信息搜集	5%	在规定的时间内完成市场信息的搜集，否则为0分。每月搜集的有效信息不得低于＿＿＿条，每少一条扣1分。	
	报告提交	5%	在规定的时间之内将相关报告交到指定处，未按规定时间交者，为0分。报告的质量评分为4分，未达到此标准者，为0分。	
	销售制度执行	5	每违规一次，该项扣1分。	
	团队协作	5%	因个人原因而影响整个团队工作的情况出现一次，扣除该项5分。	

续表

工作能力	专业知识	5%	1分：了解公司产品基本知识。 2分：熟悉本行业及本公司的产品。 3分：熟练掌握本岗位所具备的专业知识，但对其他相关知识了解不多。 4分：掌握熟练业务知识及其他相关知识。	
	分析判断能力	5%	1分：较弱，不能及时做出正确的分析与判断。 2分：一般，能对问题进行简单的分析和判断。 3分：较强，能对复杂的问题进行分析和判断，但不能灵活运用到实际工作中。 4分：强，能迅速地对客观环境做出较为正确的判断，并能灵活运用到实际工作中，取得较好的销售业绩。	
	沟通能力	5%	1分：能较清晰地表达自己的思想和想法。 2分：有一定的说服能力。 3分：能有效地化解矛盾。 4分：能灵活运用多种谈话技巧和他人进行沟通。	
	灵活应变能力	5%	应对客观环境的变化，能灵活地采取相应的措施。	
工作态度	员工出勤率	2%	1. 月度员工出勤率达到100%，得满分，迟到一次，扣1分（3次及以内）。 2. 月度累计迟到3次以上者，该项得分为0。	
	日常行为规范	2%	违反一次，扣2分。	
	责任感	3%	0分：工作马虎，不能保质、保量地完成工作任务且工作态度极不认真。 1分：自觉地完成工作任务，但对工作中的失误，有时推卸责任。 2分：自觉地完成工作任务且对自己的行为负责。 3分：除了做好自己的本职工作外，还主动承担公司内部额外的工作。	
	服务意识	3%	出现一次客户投诉，扣3分。	

第二条 考核方法

1. 员工考核时间：下一月的第一个工作日。

2. 员工考核结果公布时间：下一月的第三个工作日。

3. 员工考核挂钩收入的额度：月薪资的20%；业绩考核额度占15%；行为考核额度占5%。

4. 员工考核挂钩收入的计算公式为：$Z = A \times \dfrac{X}{C} + B \times Y$

公式中具体指标含义如下表所示。

公式中具体指标含义

指标	含义
A	不同部门的业绩考核额度
B	行为考核额度
C	当月业绩考核指标
X	当月公司营业收入
Y	当月员工行为考核的分数
Z	当月员工考核挂钩收入的实际所得

5. 员工考核挂钩收入的浮动限度为当月薪资的80~140%。

6. 员工挂钩收入的发放：每月员工考核挂钩收入的额度暂不发放，每季度发放三个月的员工考核挂钩收入的实际所得。

第三条 考核流程

1. 业绩考核，按考核标准由财务部根据当月公司营业收入情况统一执行。

2. 行为考核，由销售部经理进行。

第四条 考核结果

1. 业绩考核结果每月公布一次，部门行为考核结果（部门平均分）每月公布一次。

续表

2.员工行为考核结果每月通知到被考核员工个人，员工之间应互相保密。

3.每月考核结果除了与员工当月收入挂钩以外，其综合结果也是公司决定员工调整薪资级别、职位升迁和人事调动的重要依据。

4.如员工对当月考核结果有异议，请在考核结果公布之日起一周内向本部门经理或人力资源部提出。

第四部分　附则

第一条　本制度自发布之日起开始执行。

第二条　本制度的编写、修改及解释权归人力资源部所有。

编制日期		审核日期		批准日期	
修改标记		修改处数		修改日期	

5.6 人力资源部门的绩效考核

5.6.1 人力资源人员的工作职责

1. 制定并不断完善公司的绩效考核管理制度。
2. 建立公司各部门和岗位的绩效考核指标及考核标准体系。
3. 负责对各部门进行岗位考核培训和辅导。
4. 定期组织实施、推进企业的绩效考核工作。
5. 监控、稽查各部门绩效考核的过程与结果。
6. 接受、协调处理员工的考核申诉。
7. 负责绩效考核结果的应用管理。
8. 负责企业的人力资源规划。
9. 组织企业的招聘活动。
10. 处理企业人员的人事变动事宜。
11. 建立健全企业人力资源管理制度。

12. 负责企业员工劳动合同的签订和管理，代表企业解决劳动争议、劳动纠纷和劳动诉讼。

5.6.2 人力资源规划人员的岗位职责

人力资源规划人员对企业的发展有着至关重要的作用。

1. 人力资源规划主管的岗位职责

人力资源规划主管的岗位职责是在人力资源部经理的领导下，根据本企业整体发展战略，科学预测、分析企业在环境变化中的人力资源供给和需求情况，制定必要的政策与措施，确保企业在需要的时间和需要的岗位上获得需要的人才，从而保证企业战略发展目标的如期实现。其具体的岗位职责如下：

（1）根据企业的发展战略，协助人力资源部经理制定企业人力资源总体战略规划。

（2）根据企业整体发展战略编制"人力资源规划书"并组织实施。

（3）整合、分析、统计和评估现有人力资源，提交人力资源分析报告。

（4）制订"人力资源部年度工作计划"及"人力资源部月度工作计划与预算"。

（5）规划各类岗位人员的离职、补充、配备、使用计划。

（6）规划企业人力资源的培训、绩效与薪酬、劳动关系计划。

（7）人力资源管理费用与人工成本总额测算、控制及员工总量调整规划。

2. 人力资源规划专员的岗位职责

人力资源规划专员的岗位职责是在人力资源规划主管的领导下，协助完成企业人力资源的规划、开发等各项具体工作，其具体的岗位职责如下：

（1）定期进行企业人力资源需求调查并进行需求分析与预测。

（2）提交企业人力资源需求分析与预测报告。

（3）了解企业人力资源使用状况，搜集整理相关数据，上报人力资源规划主管。

（4）负责起草各部门年度人员编制计划，制订公司年度人员储备计划。

（5）协助人力资源规划主管进行人力资源的补充、培训、晋升、配备等的规划。

（6）负责公司岗位体系框架设计。

（7）负责人力资源发展、规划、管理等相关资料的搜集、整理及归档。

5.6.3 绩效考评审核程序

程序名称：绩效考评审核

程序代号：

主管部门：人力资源部

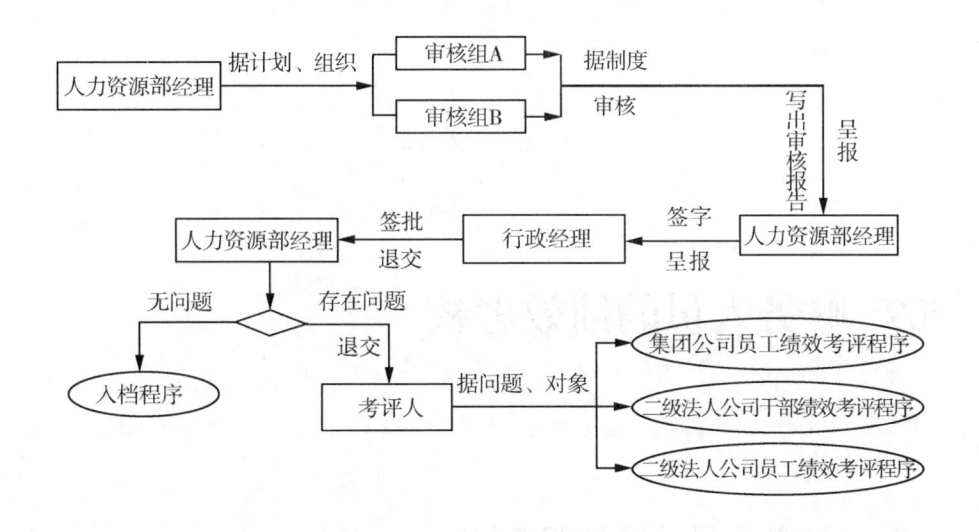

```
人力资源部经理 →据计划、组织→ 审核组A / 审核组B →据制度审核→ 写出审核报告 →呈报→ 人力资源部经理 →签字呈报→ 行政经理 →签批退交→ 人力资源部经理
                                                                                                                              ↓
                                                                                                               无问题 / 存在问题
                                                                                                               ↓         ↓退交
                                                                                                            入档程序    考评人 →据问题、对象→ 集团公司员工绩效考评程序
                                                                                                                                              二级法人公司干部绩效考评程序
                                                                                                                                              二级法人公司员工绩效考评程序
```

说明：

（1）人力资源部经理根据年中、年末绩效考评进度确定审核计划，并组织审核组对集团公司部门、各单位的绩效考评情况进行审核。

（2）绩效审核内容包括：审核考试者、审核考评程序、审核考评办法、审核考评文件、审核考评结果等五个方面。

（3）审核组根据审核结果写出书面报告呈报人力资源部经理，由人力资源部经理转报行政经理。

（4）行政经理签批后退回人力资源部经理，人力资源部经理根据行政经理签批的内容和审核考评报告决定进入档程序或重新进行考评。

5.7 财务人员的绩效考核

5.7.1 财务人员的工作职责

1. 协助财务总监制订业务计划、财务预算、监督计划。

2. 负责财务核算、审核、监督工作,并按照企业战略目标及时制作各种财务报表。

3. 负责对员工报销费用的审核和登记。

4. 对已审核的费用报表及时登记。

5. 寻求降低成本的途径和方法,控制并监督企业的各项费用支出。

6. 处理与银行有关的工作。

7. 对月度、季度、年度资金流进行核算,并准备相关的报告材料。

8. 管理和监督出纳人员的工作。

5.7.2 财务人员绩效考核表

财务人员绩效考核表									
姓名		岗位		任务期间						
考核项目	考核指标	指标定义	考核目标	分值	评分标准	考核结果	得分	考核者	
满意度	财务满意度	相关部门对财务部门工作的满意度	80%	5	每少3个百分点扣1分,每增3个百分点加1分				
及时性	财务结算及时性	不得延期结算,每月8日报送各项汇总报表	100%	5	每迟延两天扣1分				
	费用报告及时率	及时向分管领导提供公司及部门费用报告表	100%	5	每迟延两天扣1分				
合法性	工作合法性	财务审批合法单据÷财务审批全部单据×100%	100%	10	每少1个百分点扣1分				
	1. 保证合理的资金需求		100%	5					
	2. 提高资金使用效率		100%	5					

续表

	3. 节约资金使用成本	100%	5	直接上级的评价			
	4. 合理提高现金收款效率，尽可能延缓现金支出时间	100%	5	直接上级的评价			
核算管理	核算简单清楚，手续齐备，财务安全高效	100%	10	直接上级的评价			
税收筹划	合法，省税	100%	10	直接上级的评价			
财务管理制度	制度科学，可行性强，不断补充完善	100%	5	直接上级的评价			
资产管理	记录清晰，及时知道资产状况，不定期抽查各分店存货，账实相符	100%	10	直接上级的评价			
成本费用管理	合理控制成本和费用	100%	5	直接上级的评价			
沟通	及时发现问题，随时保持和分管领导有效沟通	100%	5	直接上级的评价			
团队管理	部门内部合理分工	各司其职，工作内容不交叉重复	100%	5	直接上级的评价		
	下属满意度	下级对上级考核表	100%	5	每低5%扣1分		
合计			100				
目标下达者	目标接受者			考核者			

262

5.7.3 财务人员绩效考核制度

制度名称	财务人员绩效考核制度	受控状态	
		编 号	
执行部门		监督部门		编修部门	

第一部分 总则

第一条 目的

为了客观、全面地评价财务人员的工作表现，提升其绩效水平，鼓励财务人员积极做好本职工作，不断提升公司财务工作水平，特制定本办法。

第二条 考核范围

本办法适用于公司所有财务人员。

第三条 考核管理

财务人员由财务经理、财务人员、人力资源部相关工作人员组成的绩效考核工作小组进行考核，其各自的职责是有所不同的，具体内容如下表所示。

考核职责一览表

人员	职责
财务经理	1. 具体组织、实施本部门的员工绩效考核工作，客观公正地对下属进行评估。 2. 与下属进行沟通，帮助下属认识到工作中存在的问题，并与下属共同制订绩效改进计划和培训发展计划。 3. 对考核结果进行审核、审批。
财务人员	1. 学习和了解公司的绩效考核制度。 2. 积极配合部门主管讨论并制订本人的绩效改进计划和标准。 3. 就绩效考核中出现的问题积极主动与财务经理或人力资源部进行沟通。

续表

人力资源部工作人员	1. 绩效考核工作前期的宣传、培训、组织。 2. 考核过程中的监督、指导。 3. 考核结果的汇总、整理。 4. 应用绩效评估结果进行相关的人事决策。

第二部分 考核内容

第一条 考核内容划分

财务人员考核内容分为工作业绩考核、工作能力考核和工作态度考核。

第二条 工作业绩考核

对财务人员进行的工作业绩的考核，其考核要点如下表所示。

财务工作人员工作业绩考核表

主要职责	权重	评价标准
1. 编制各项财务报表	财务报表按时完成率	（1）及时完成各项财务报表，得10分。 （2）未及时完成各项财务报表，但不影响报表提交部门的正常工作进度，得5分。 （3）未及时完成各项财务报表，且引起报表提交部门的不满，扣5分。
	财务报表的编制质量	（1）各项财务报表真实可靠、全面完整，编制报表的会计方法前后一致，得10分。 （2）各项财务报表真实可靠、内容基本完整，但编制报表的会计方法前后不一致，得5分。 （3）各项财务报表全面完整，编制方法不一致，报表数据出现差错，扣5分。

续表

2.税金管理	税金缴纳及时性	及时、足额、准确缴纳各项税金,不得出现缴纳滞纳金现象,每出现1次扣5分,扣完为止。
3.会计核算与账务处理	登账、对账、结账及时	按照企业规定及时组织各类账目登记、账务处理工作,未在规定时间内完成扣5分,扣完为止。
	各类资产账实相符	(1)各类资产账实相符,得满分。 (2)每出现1次账实不相符的情况,扣5分。 (3)账实不相符累计次数达5次,此项不得分。
4.现金、账簿管理	管理的准确性、安全	管理无差错,得10分,每出现1次差错,扣3分。
5.财务分析报告	提交的及时性	未在规定时间内完成报告。每出现1次,扣3分,扣完为止。
	报告的质量	(1)报告真实可靠,论点明确,论据充分,能为高层领导正确决策提供有力依据,得10分。 (2)报告真实可靠,对高层领导做出正确决策具有一定的参考性,得5分。 (3)财务报告真实可靠性受到质疑,没有太大的使用价值或错误引导高层领导决策,得2分。
6.财务资料归档	资料的安全完整性	财务资料内容完整,归档规范,并及时更新档案。未及时归档造成资料丢失的,每出现1次,扣5分。

续表

第三条 工作能力考核

对财务人员进行的工作能力考核主要包括财务知识掌握程度、统计分析能力、成本核算能力、成本预算能力等内容。

第四条 工作态度考核

对财务人员进行的工作态度考核,其考核要点如下表所示。

财务人员工作态度考核表

考核项目	考核内容	得分
诚信正直	工作中有无缺失诚信行为	
认真负责	工作中是否认真,错误概率是否在可控范围内	
个人信用	考核期限内,个人有无不良信用记录	
责任心	工作是否积极,对工作是否具有责任心	
协作性	与同事配合是否良好	
学习性	在工作中是否积极主动学习新的专业知识	

第三部分 考核实施与申诉

第一条 月度考核

被考核者于当月最后一个工作日将个人"本月工作总结"和"下月工作计划"交给直接上级,直接上级将按照其当月的工作表现进行评价,并于下月 5 日前将相关资料交到人力资源部。

第二条 年度考核

被考核者于每年 12 月 25 日前将个人"全年工作总结"及"下年度个人工

续表

作计划"交给直接上级，直接上级对其当年的工作表现进行评价，并于12月30日前交到人力资源部，人力资源部于次年1月5日前对年度绩效考核资料进行整理汇总，并报总经理审核。

第三条 员工对自己的考核结果不满的，可在考核结束后的一周之内，向人力资源部申诉。

第四条 人力资源部接到员工申诉后，会同财务经理或考核负责人对考核者再次进行评估。

第五条 员工的考核结果以第二次考核为准。

第四部分 附则

第一条 本办法由人力资源部会同财务部共同制定，报总经理审核批准。

第二条 本办法每年修订一次，对相关指标项目和标准进行调整。

第三条 本办法自颁布之日起开始实施。

编制日期		审核日期		批准日期	
修改标记		修改处数		修改日期	

5.8 客服人员的绩效考核

5.8.1 客服人员绩效考核制度

制度名称	客服人员绩效考核制度	受控状态	
		编　号	

第一部分 总则

第一条 目的

1. 客观公正评价员工的工作业绩、工作能力及工作态度，促使员工不断提高工作绩效和自身能力，提升企业的整体运行效率和经济效益。

2. 为员工的薪酬决策、培训规划、职位晋升、岗位轮换等人力资源管理工作提供决策依据。

第二条 适用对象

本制度适用于公司所有客服人员，但考评期内未到岗累计超过两个月（包括请假及其他原因缺岗）的员工不参与当期考核。

续表

第二部分 绩效考核内容

第一条 工作业绩

工作业绩主要从月销售额和对上级主管安排的任务的完成情况来体现。

第二条 工作能力

根据本人实际完成的工作成果及各方面的综合素质来评价其工作技能和水平，如专业知识掌握程度、学习新知识的能力、沟通技巧及语言文字表达能力等。

第三条 工作态度

主要对员工平时的工作表现予以评价，包括客户纠纷、积极性、主动性、责任感、信息反馈的及时性等。

第三部分 绩效考核实施

第一条 考核周期

根据岗位需要，对员工实施月度考核，其实施时间分别是下一个月的5~10日。

第二条 考核实施

1. 考核者依据制定的考核指标和评价标准，对被考核者的工作业绩、工作能力、工作态度等方面进行评估，并根据考核分值确定其考核等级。

2. 考核者应熟悉绩效考核制度及流程，熟练使用相关考核工具，及时与被考核者沟通，客观公正地完成考评工作。

第四部分 考核结果应用

第一条 根据员工的考核结果，将其划分为五个等级，主要应用于职位晋升、培训需求、绩效提成发放、岗位工资调整等方面，具体应用如下表所示：

续表

考核结果应用表					
评估等级	考核得分	所需培训强度	职位晋升	岗位级别	岗位工资调整
卓越	95~100	无	推荐	资深客服	1800元
优秀	85~94	一般	储备	二级客服	1700元
良好	75~84	较强		一级客服	1600元
一般	65~74	强		初级客服	1500元
不及格	65以下	很强		见习客服	1400元

第二条 个人销售绩效提成计算方法：

销售额	绩效提成
15000元以下	1.5%
15000~20000元	超出15000元部分×2% + 150元
20001~25000元	超出20000元部分×4% + 250元
25000以上	2%

第三条 公共销售绩效提成计算方法：

公共销售绩效提成 = 公共销售业绩总额 × 0.5% ÷ 客服人数

第四条 最终工资计算方法

当月工资 = 岗位工资 + 个人绩效提成 + 公共绩效提成 + 工龄工资

第五条 连续3个月考核排名第一的，将给予一次性200元的奖励；连续3个月考核不及格的，自动请辞。

续表

第五部分 附则

第一条 本制度自发布之日起开始执行。

第二条 本制度的编写、修改及解释权归人力资源部所有。

编制日期		审核日期		批准日期	
修改标记		修改处数		修改日期	

第 6 章

不同企业的绩效考核设计

6.1 销售类企业的绩效考核设计

6.1.1 销售类企业人员绩效考核制度

方案名称	销售类企业人员绩效考核制度	受控状态	
		编　　号	

第一部分　总则

第一条　目的

为了使销售人员明确自己的工作任务和努力方向，让销售管理人员充分了解下属的工作状况，同时促进销售系统工作效率的提高，保证企业销售任务的顺利完成，特制定本方案。

第二条　适用范围

本方案主要适用于对一线销售人员的考核，考核期内累计不到岗时间（包括请假或其他各种原因缺岗）超过 1/3 的销售人员不参与考核。

第三条　使用本方案得出的绩效考核结果将作为销售人员的薪酬发放以及晋级、降级、调职和辞退的依据。

续表

第四条 使用原则

1. 定量原则

尽量采用可衡量的量化指标进行考核，减少主观评价。

2. 公开原则

考核标准的制定由部门协商、讨论决定，并将考核标准进行公开，确保每位员工明确考核标准。

3. 时效性原则

绩效考核是对考核期内工作成果的综合评价，不应将本考核期之前的行为强加于本次的考核结果中，也不能取近期的业绩或比较突出的一两个成果来代替整个考核期的业绩。

4. 相对公平原则

对于销售人员的绩效考核将力求体现公正的原则，但实际工作中不可能有绝对的公平，所以绩效考核体现的是相对公平。

第二部分 考核周期

第一条 月度考核

每月进行一次，考核销售人员当月的销售业绩情况。考核时间为下月1日~10日。

第二条 年度考核

一年开展一次，考核销售人员当年1~12月的工作业绩。考核实施时间为下一年度1月10日～1月20日。

第三部分 考核机构

1. 销售人员考核标准的制定、考核和奖惩的归口管理部门是集团销售总部。

2. 各销售分企业、部门对销售人员进行考核，考核结果上报销售总部经理或营销总监审批后生效。

续表

第四部分 绩效考核的内容和指标

对销售人员的考核主要包括工作绩效、工作能力、工作态度三部分内容，其权重分别设置为：工作绩效占70%；工作能力占20%；工作态度占10%。其具体评价标准如下表所示。

销售人员绩效考核表

考核项目		考核指标	权重	评价标准	评分
工作业绩	定量指标	销售额完成率	25%	1. 计算公式：实际完成销售额÷计划完成销售额×100%。 2. 考核标准为100%，每低于5%，扣除该项1分；高于5%另行规定。	
		销售增长率	10%	与上一月度或年度的销售业绩相比，每增加1%，加1分，出现负增长不扣分。	
		销售回款率	15%	超过规定标准以上，以5%为一档，每超过一档，加1分，低于规定标准的，记0分。	
		新客户开发	10%	考核期内每增加一个新客户，加2分。	
	定性指标	市场信息搜集	2%	1. 在规定时间内完成市场信息的搜集，加1分，否则记0分。 2. 每月搜集有效信息不得低于___条，每少1条扣1分。	
		报告提交	3%	1. 在规定的时间之内将相关报告交到指定处，加1分，否则记0分。 2. 报告的质量评分为2分，达到此标准者，加1分，否则记0分。	
		销售制度执行	2%	每违规一次，该项扣1分。	
		团队协作	3%	因个人原因而影响整个团队工作的情况出现一次，扣除该项3分。	

续表

工作能力	专业知识	5%	1. 了解企业产品基本知识。 2. 熟悉本行业及本企业的产品。 3. 熟练掌握本岗位所具备的专业知识，但对其他相关知识了解不多。 4. 熟练掌握业务知识及其他相关知识。	
	分析判断能力	5%	1. 较弱，不能及时地做出正确的分析与判断。 2. 一般，能对问题进行简单的分析和判断。 3. 较强，能对复杂的问题进行分析和判断，但不能灵活运用到实际工作中来。 4. 非常强，能迅速地对客观环境做出较正确的判断，并能灵活运用到实际工作中，取得较好的销售业绩。	
	沟通能力	5%	1. 能较清晰地表达自己的想法。 2. 有一定的说服能力。 3. 能有效地化解矛盾。 4. 能灵活运用多种谈话技巧和他人进行沟通。	
	灵活应变能力	5%	1. 思想比较保守，应变能力较弱。 2. 有一定的灵活应变能力。 3. 应变能力较强，能根据客观环境的变化灵活地采取相应的措施。	
工作态度	员工出勤率	2%	1. 员工月度出勤率达到100%，得满分，迟到一次扣1分（3次及以内）。 2. 月度累计迟到3次以上者，该项得分为0。	
	日常行为规范	2%	违反一次，扣2分。	
	责任感	3%	1. 工作马虎，不能保质保量地完成工作任务且工作态度极不认真。 2. 自觉地完成工作任务，但对工作中的失误有时推卸责任。 3. 自觉地完成工作任务且对自己的行为负责。 4. 除了做好自己的本职工作外，还主动承担企业内部额外的工作。	
	服务意识	3%	出现一次客户投诉，扣3分。	

第五部分 考核实施程序

1. 由集团销售总部安排相关人员在考核期之前，向各销售分企业、相关部门发放《销售人员绩效考核表》，对销售人员进行评估。

2. 考核期结束后的第 3 个工作日，各销售分企业、相关部门向销售总部提交《销售人员的绩效考核表》。

3. 考核期结束后的第 5 个工作日，销售总部完成考核表的统一汇总，并发给销售人员本人进行确认，如有异议由销售总部经理进行再确认。确认工作必须在考核期结束后的第 7 个工作日完成。

4. 考核期结束后的第 8 个工作日，销售总部完成个人考核表的汇总统计。

5. 考核期结束后的第 10 个工作日，将个人考核结果发给其上级主管，将整体统计表提交销售企业总经理和财务部门，财务部门依据考核结果按照《销售人员薪酬激励制度》进行薪金发放。

6. 如果需要对绩效考核指标和方案进行修订，上报总经理批准后，在考核期结束后的第 15 个工作日，由集团销售部完成修订工作。

第六部分 考核结果的运用

根据销售人员的年度绩效考核的总得分，企业对不同绩效的销售人员进行销售级别与薪资的调整，具体调整方案如下表所示。

销售人员考核结果的运用

考核得分	薪资调整	销售级别调整
90（含）以上	基本薪资 + 基本薪资 × 2.0	建议升两级
80（含）~90 分	基本薪资 + 基本薪资 × 1.5	建议升一级或不变
60（含）~80 分	基本薪资 + 基本薪资 × 1.0	建议不变
50（含）~60 分	基本薪资 − 基本薪资 × 0.2	建议降级，给予一定考察期
50 分以下	基本薪资 − 基本薪资 × 0.4	建议辞退

编制日期		审核日期		批准日期	
修改标记		修改处数		修改日期	

6.2 房地产类企业的绩效考核设计

6.2.1 房地产销售人员绩效考核制度

方案名称	房地产销售人员绩效考核制度	受控状态	
		编　号	

第一部分　总则

第一条　考核目的

为了有效评价房地产销售人员的工作业绩，及时改进和提升工作品质，激励成绩突出的员工，鞭策落后员工，全面提高企业经营管理水平和经济效益，特制定本方案。

第二条　考核形式

以业绩考核为主，多种考核形式综合运用。

第三条　考核周期

销售人员采取月度考核的办法，由销售部经理统一对销售人员实施考核。

续表

第二部分 业绩考核操作办法

第一条 业绩考核的原则

销售人员的业绩考核与部门销售业绩和个人销售业绩双向挂钩,部门销售业绩决定总提成额度发放的标准,个人销售业绩决定自身收入。

第二条 销售人员绩效奖金的计算

销售人员绩效奖金实发额 = 个人绩效奖金应发总额 × 业绩提成比例

1. 个人绩效奖金应发总额

个人绩效奖金应发总额 = 销售数量奖 + 销售价格奖 + 提前收款奖

(1) 销售数量奖

销售人员超额完成个人任务指标的,按_____元/m^2支付奖金,超额指标达到50%以上的部分,按_____元/m^2支付奖金,上不封顶。成交者,按成交价_____%发放奖金。

(2) 销售价格奖

销售人员操作结果高于规定付款方式折扣率的,按其差率的_____%计提奖金。

(3) 提前收款奖

销售人员根据定购合同确定的付款日期,若提前10天收到房款,则按实际收到房款折算成面积,按_____元/m^2支付奖金,提前收款时间每递增5天,折算到每平方米的提奖标准增加_____元。

2. 业绩提成标准

1. 完成本部门计划销售任务100%以上的,按个人绩效奖金应发总额的110%支付。

2. 完成本部门计划销售面积任务的90%以上不到100%的,按个人绩效奖金应发总额的100%支付。

3. 完成本部门计划销售面积任务的70%以上不到90%的,按个人绩效奖金应发总额的80%支付。

4. 完成本部门计划销售面积任务不足70%的,按个人绩效奖金应发总

续表

额的 60% 支付。

第三部分 相关奖惩规定

第一条 奖励规定

1. 受到客户表扬的，每次酌情给予_____元到_____元的奖励。
2. 每月销售冠军奖_____元。
3. 季度销售能手奖_____元。
4. 突出贡献奖_____元。
5. 超额完成任务奖_____元。
6. 行政口头表扬。
7. 企业通告表扬。

第二条 处罚规定

1. 销售人员不按照企业规定填写相关表格的，每次酌情扣发_____元到_____元的奖金。
2. 销售人员完不成销售任务的，按_____元/m^2扣罚，至每月薪资不低于_____元止。
3. 已转正的销售人员连续3个月不能完成销售任务的，员工待遇等同于试用员工；如果试用员工不能完成销售任务的，将被淘汰。
4. 销售人员私下为客户转让物业收取费用的，做除名处理。
5. 销售出现错误将视情况给予相关人员_____元到_____元的处罚。
6. 销售人员不按顺序接待客户，并受到客户投诉的，第一次给予警告处分，第二次给予_____元的处罚，第三次给予_____元的处罚。
7. 销售人员涂改客户记录的,视为作弊行为,第一次给予严重警告处分,本次成交提成充公,第二次给予除名处理。
8. 销售人员若因态度问题遭到投诉的，一经核实做除名处理。
8. 销售人员因服务之外原因遭到客户投诉的，一经核实，第一次给予警告处分，第二次给予_____元的处罚。

编制人员		审核人员		批准人员	
编制日期		审核日期		批准日期	

6.3.2 房地产类企业绩效考核制度

方案名称	房地产类企业绩效考核制度	受控状态	
		编　号	

第一部分　总则

第一条　考核目的

为全面客观地考核评价企业员工的业绩，帮助员工提高素质能力和工作绩效，全面贯彻落实本企业战略以及各项管理制度和工作计划，特制定本制度。

第二条　考核的原则

1. 以提高员工绩效为导向原则。

2. 定性与定量相结合原则。

3. 多角度展开的原则。

4. 遵循公正、公平、公开的原则。

第三条　适用范围

本制度适用于房地产企业所有员工，但下列人员除外。

1. 兼职、特约人员。

2. 试用期员工。

3. 企业临时岗员工。

第二部分　考核体制

第一条　考核分类

根据员工的工作性质，可以将员工分成三类，分别采取不同的考核方式，如下表所示。

续表

类型	适用范围	考核特征	考核方式	考核周期
高级管理人员	总经理 副总经理各总监	以岗位特征为基础，基于企业战略目标实现的考核	平衡计分卡与述职报告	半年
中层管理人员	各部门经理 项目经理	以岗位职责履行的KPI指标考核	KPI考核与述职报告	季度
基层工作人员	管理服务人员 专业技术人员 销售业务人员等	基于工作职责、工作行为的考核	综合考核表	月度

第二条 考核职责

1. 企业考核管理委员会职责

由企业总经理、副总经理、总监、财务部经理、人力资源部经理组成。其职责包括以下内容。

（1）负责制定高管人员的考核细则。

（2）负责中层管理人员业绩评价。

（3）审阅企业中层以下员工的年度考核结果。

（4）员工考核申诉的最终处理。

2. 企业人力资源部职责

作为企业考核工作具体组织执行机构，主要承担以下职责。

（1）制定员工考核管理实施细则。

（2）就各考核实施的各项工作对相关人员进行培训与指导，并为各部门提供相关咨询。

（3）对考核过程进行监督与检查，对考核过程中不规范行为进行纠正与处罚。

（4）协调、处理考核申诉的具体工作。

（5）组织实施考核，统计汇总各部门员工考核评分结果，并形成绩效考核评估报告。

（6）建立员工考核档案。

3.各部门经理的职责

（1）负责本部门考核工作的组织及实施管理。

（2）负责处理本部门关于考核工作的申诉。

（3）负责与人力资源部协商制定本部门员工的考核指标。

（4）负责本部门员工的考核评分。

（5）负责对本部门员工的考核结果进行反馈，并帮助其制订改进计划，并对考核工作情况进行通报。

第三条 考核流程

1.由考核者和被考核者在考核期初共同确认考核目标和要求。

2.在被考核者工作过程中，由考核者对被考核者的工作进行指导。

3.考核者在考核期内搜集各类考核资料，以作为考核的依据。

4.考核者对照考核指导书和考核量表，对被考核者进行评价。

5.考核者在对被考核者评定后，要与被考核者进行考核沟通，确认考核结果。

6.人力资源部对考核结果进行汇总并记入员工绩效档案。

第四条 绩效申诉

1.各类考核结束后，被考核者有权了解自己的考核结果，考核者有向被考核者通知和说明考核结果的义务。

2.被考核者如对考核结果存有异议，应首先通过沟通方式解决。解决不了时，有权向二次考核者申诉；如果被考核者对二次考核者的考核结果仍有异议，可以向人力资源部提出申诉。

3.人力资源部通过调查和协调，在10日内向申诉者答复最终结果。

续表

第三部分 考核实施

第一条 高层管理者考核内容

对高层管理者的考核实际上就是对各系统经营与管理状况进行全面系统的核查，因此，对于高层管理者的考核采取平衡计分卡与述职报告相结合的形式。述职报告，如下表所示。

高层管理人员述职报告表

姓 名		职 务		考核时间	
本期主要工作回顾					
关键事件处理					
经验或不足					
调整或改进计划					
特殊说明					

经营目标完成的考核重点集中在基于策略重点落实而制定财务指标、内部运营指标、客户指标和学习发展类指标的完成情况。其考核内容，如下表所示。

高层管理人员绩效考核表

姓 名		职 务		考核时间	
指标类别	指标名称	目标值	权重	得分	
财务类					
内部运营类					

续表

指标类别	指标名称	目标值	权重	得分
客户类				
学习成长类				
	合计得分			
绩效评价				
考核者签字		被考核者签字	复核人签字	

第二条 中层管理人员考核内容

部门目标的达成作为中层管理者的主要考核点，其主要考核形式是员工述职报告（形式同高层管理人员述职报告）配合以 KPI 为核心的绩效考核（如下表所示）。

中层管理人员绩效考核表

被考核者姓名		职位		部门	
考核者姓名		职位		部门	

序号	KPI 指标	权重	绩效目标值	考核得分
1				
2				
3				
4				

287

续表

序号	KPI 指标	权重	绩效目标值	考核得分
5				
6				
7				
8				
本次考核总得分					

绩效评价	考核者（签字）：
下期改进计划	被考核者（签字）：

被考核者		考核者		复核人	
签字：	日期：	签字：	日期：	签字：	日期：

第三条 基层工作人员绩效考核内容

对基层工作人员的考核主要是考核本职工作完成程度以及在工作完成过程中表现的工作行为。具体考核，如下表所示。

基层工作人员绩效考核表

被考核者姓名		职位		部门	
考核者姓名		职位		部门	

288

续表

指标类别	指标名称	权重	达成情况		
			被考核者自述	考核者评价	得分
KPI 指标					
行为指标					
本次考核总得分					

项目	自我评价	考核者评语
绩效评价		
绩效改进计划		

被考核者	考核者	复核人
签字： 日期：	签字： 日期：	签字： 日期：

第四部分 考核结果的运用

第一条 作为员工奖惩、调迁、薪酬、晋升、退职管理的依据。

续表

第二条 了解、评估员工工作态度与能力。

第三条 作为员工培训与发展的参考。

第五部分 附则

第一条 本制度由人力资源部负责制定、解释及修改。

第二条 本制度未尽事宜及相关实施细则，由企业人力资源部与各部门负责补充。

第三条 本制度自发布之日起执行。

相关说明					
编制人员		审核人员		编制人员	
编制日期		审核日期		编制日期	

6.3 物业类企业的绩效考核设计

6.3.1 物业人员绩效管理制度

制度名称	物业人员绩效管理制度	受控状态	
		编　号	

第一部分　总则

第一条　考核目的

本企业实施对物业人员的绩效考核旨在实现以下目的：

1. 通过绩效考核提高总体物业服务质量的水平。

2. 通过绩效考核对企业物业服务活动进行有效控制，提高管理水平。

3. 通过对员工绩效进行客观评价可以有效调动员工工作积极性，培养和树立正确的企业价值观。

第二条　考核对象

本企业物业人员考核对象共分为以下三类。

1. 企业高层管理人员（包括总经理、副总经理、各总监等）。

续表

2. 企业中层管理人员（包括各职能部门经理、物业管理人员等）。

3. 企业基层工作人员（包括各职能部门工作人员、工程维修人员、物业服务人员等）。

第三条 考核时间

1. 企业高层管理人员每年度考核一次，具体时间为第二年度的第一个月考核上一年度的工作。

2. 企业中层管理人员每半年考核一次，具体时间为第三季度的第一个月的上半月考核上半年的工作，第二年度的第一个月的上半月考核上一年度下半年的工作。

3. 企业基层工作人员每月度考核一次，具体时间为第二月度的上半月考核上一月度的工作。

第二部分 绩效考核的组织管理

第一条 考核管理委员会职责

由企业总经理、副总经理、总监、人力资源部经理组成考核管理委员会，领导企业绩效考核工作，具体承担以下职责。

1. 最终考核结果的审批。

2. 中层管理人员绩效等级的评定。

3. 员工考核申诉的最终处理。

第二条 人力资源部作为考核工作的具体执行机构，主要承担以下职责。

1. 对各项考核工作进行指导和培训。

2. 对考核过程进行监督。

3. 汇总统计考核评分结果。

4. 协调处理各级员工对绩效考核的投诉申请事宜。

5. 定期对绩效考核情况进行通报。

6. 对绩效考核过程中的不规范行为进行纠正。

续表

第三条 各部门负责人职责

1. 负责本部门绩效考核工作的组织及监督管理。
2. 负责处理本部门关于绩效考核的申诉事宜。
3. 负责对本部门绩效考核过程中的不规范行为进行纠正。
4. 负责对所属员工进行绩效评价。
5. 负责所属员工绩效考核结果的反馈,并与员工沟通,制订绩效改进计划。

第三部分 考核办法

第一条 考核关系

考核关系分为直接上级考核、直接下级考核、同级人员考核三种。不同考核对象对应不同的考核权重和考核维度,任务绩效主要由直接上级考核。

第二条 考核记录

考核周期的期初,被考核者的考核维度、指标和权重由被考核者上级向其说明并确认。同时,考核主体对被考核者的考核维度和指标充分了解,将考核内容进行记录,作为考核打分的依据,在被考核者有疑义时作为原始凭证,以便考核申诉时用。

第三条 考核成绩评定

物业人员绩效评定主要划分成五个等级,划分标准及人数的确定如下表所示。

绩效等级评定表

等级	A	B	C	D	E
定义	卓越	优秀	良好	基本合格	不合格
得分	100分以上	90~100分	75~90分	60~75分	60分以下
人数所占比例	5%	20%	30%	40%	5%

续表

第四部分 绩效考核奖惩的兑现

第一条 奖惩办法

1. 对于绩效考核成绩评定等级为 A 的员工，以考核期内动态薪资总额的 40% 为标准支付绩效奖金。

2. 对于绩效考核成绩评定等级为 B 的员工，以考核期内动态薪资总额的 30% 为标准支付绩效奖金。

3. 对于绩效考核成绩评定等级为 C 的员工，以考核期内动态薪资总额的 20% 为标准支付绩效奖金。

4. 对于绩效考核成绩评定等级为 D 的员工，以考核期内动态薪资总额的 15% 为标准扣发绩效奖金。

5. 对于绩效考核成绩评定等级为 E 的员工，以考核期内动态薪资总额的 10% 为标准扣发绩效奖金。

第二条 奖惩兑现时间

1. 高层管理人员每年兑现一次，时间为第二年第一个月 15 日前对前一年的考核结果进行兑现。

2. 中层管理人员每年兑现一次，时间为第二年第一个月 15 日前。

3. 基层工作人员每月兑现一次，时间为下一个月的 15 日前。

第五部分 附则

第一条 考核过程文件需严格保密，考核结果只反馈到个人，不对外公布。

第二条 本制度由人力资源部负责制定、修改及解释。

第三条 本制度实施后，一切与本制度相抵触的企业文件皆以本制度为准。

第四条 本制度自发布之日起执行。

相关说明					
编制人员		审核人员		批准人员	
编制日期		审核日期		批准日期	

6.3.2 物业企业绩效考核制度

制度名称	物业企业绩效考核制度	受控状态	
		编　号	

第一部分　总则

第一条　目的

为了规范本企业物业管理工作程序，提升物业服务质量，提高物业服务人员的工作效率，使企业能够长期可持续发展，实现企业的中长期战略规划，特制定本制度。

第二条　适用范围

本制度适用于企业全体员工，但下列员工例外。

1.兼职、特约人员。

2.试用期员工。

3.企业临时岗员工。

此外，年度考核期内累计不到岗超过3个月（包括请假与各其他各种原因缺岗）的员工及入职不足5个月的员工不参与年度考核。

第三条　绩效考核指标确定和修改的基本原则和程序

1.考核指标确定的基本原则是指，考核指标的形成是在考核者与被考核者根据企业整体发展的绩效计划，在充分沟通交流的基础上形成的，如果双方未能就考核指标达成一致意见，企业总经理有最终的裁定权。

2.绩效考核指标确定和修改的基本原则是指，年初确定的当年员工的绩效考核指标原则上不能修改。确因制定绩效考核指标时所预测的客观环境和条件发生重大变化，或发生重大不可预测的事项需要调整指标时，被考核者需填写《绩效考核指标调整申请表》，经跨级领导批准后，再报总经理审批；若调整申请未获批准，仍按原指标进行考核。

续表

第二部分 绩效考核的内容

第一条 绩效考核的周期

本企业绩效考核周期分为月度考核、季度考核和年度考核。

第二条 绩效考核分数的计算

1. 月度考核以员工当月实际绩效考核分数为准。

2. 季度考核是在月度考核的基础上加入员工能力考核项目,具体计算公式如下:

季度考核成绩 = 月度绩效考核分数和 /3 × 70% + 能力考核分数 × 30%

3. 年度考核是在月度考核和季度考核的基础上加入员工态度考核项目,具体计算公式如下:

年度考核成绩 = 月度绩效考核分数和 /12 × 50% + 能力考核分数和 /4 × 35% + 态度考核分数 × 15%

第三条 考核指标的设置

1. 月度考核项目

部门及权重		业绩考核			
工程管理部	项目	工作计划制订及完成情况	受理维修单数	维修成本节约率	业主满意度
	权重	50%	30%	10%	10%
环境管理部	项目	工作计划制订及完成情况	绿化完好率	卫生达标率	业主满意度
	权重	50%	20%	20%	10%
安保部	项目	工作计划制订及完成情况	治安状况	消防安全状况	业主满意度
	权重	50%	20%	20%	10%

续表

部门及权重		业绩考核			
质量管理部	项目	工作计划制订及完成情况	服务标准执行	ISO内部审核计划完成率	业主满意度
	权重	30%	30%	20%	10%
市场发展部	项目	工作计划制订及完成情况	物业项目中标率	物业服务策划	业主满意度
	权重	50%	20%	20%	10%
客户服务部	项目	工作计划制订及完成情况	物业管理服务费用收缴完成率	受业主表扬或批评的次数	业主满意度
	权重	30%	30%	20%	10%

季度考核增加项目

权重 \ 部门	能力考核				
	本岗知识掌握程度	专业培训参与度	对工作自信程度	处理问题水平	对领导指示理解程度
工程管理部	40%	20%	20%	10%	10%
环境管理部	20%	20%	10%	20%	30%
安保部	20%	10%	20%	20%	30%
质量管理部	40%	20%	10%	10%	20%
市场发展部	30%	10%	30%	20%	10%
客户服务部	30%	10%	30%	20%	10%

续表

<table>
<tr><th colspan="7">年度考核增加项目</th></tr>
<tr><th>权重
部门</th><th colspan="6">态度考核</th></tr>
<tr><td></td><td>不逃避工作中的失误</td><td>工作中给上级提供参考</td><td>面对困难坚持不懈</td><td>坚持团队协作</td><td>工作中无须监督</td><td>遵守各项规章制度</td></tr>
<tr><td>工程管理部</td><td>30%</td><td>10%</td><td>10%</td><td>20%</td><td>10%</td><td>20%</td></tr>
<tr><td>环境管理部</td><td>30%</td><td>10%</td><td>10%</td><td>10%</td><td>20%</td><td>30%</td></tr>
<tr><td>安保部</td><td>30%</td><td>10%</td><td>20%</td><td>10%</td><td>10%</td><td>20%</td></tr>
<tr><td>质量管理部</td><td>20%</td><td>20%</td><td>10%</td><td>20%</td><td>10%</td><td>20%</td></tr>
<tr><td>市场发展部</td><td>20%</td><td>20%</td><td>20%</td><td>20%</td><td>10%</td><td>10%</td></tr>
<tr><td>客户服务部</td><td>30%</td><td>10%</td><td>10%</td><td>20%</td><td>20%</td><td>10%</td></tr>
</table>

第三部分 绩效考核者的培训

第一条 考核者培训的目的

通过培训使考核者掌握绩效考核相关技能，熟悉考核的各个环节，准确把握考核标准，避免考核中常见问题的发生。

第二条 绩效考核体系对考核者的要求

1. 对被考核者的业务有相当的了解。
2. 熟练掌握考核的基本原理和操作实务。
3. 在考核过程中与被考核者进行充分的沟通和交流。

第三条 绩效考核者培训的内容

1. 绩效考核标准的内容。
2. 绩效考核的基本流程。
3. 绩效考核方法及实施过程中应注意的事项。

续表

第四部分 绩效考核的流程

第一条 月度绩效考核

1. 人力资源部在每月初启动考核工作,由员工直接上级确定本部门月度工作计划。

2. 员工直接上级根据员工的绩效考核目标为所属员工分配工作任务。

3. 由员工直接上级按照部门工作计划及员工工作任务的分配为员工设定考核目标值。

4. 每月的最后一个工作日由员工直接上级与员工进行绩效沟通,对照月初设定的考核目标值就本月工作完成情况进行评价。

5. 人力资源部根据绩效考核的结果确定员工本月的绩效薪资标准。

第二条 季度绩效考核

1. 人力资源部在每季度初发放季度员工能力考核表到各部门。

2. 企业认定的考核者根据能力考核表中的考核指标项对所属考核对象进行评价。

3. 考核者按照对被考核者各项指标进行打分并参照月度考核成绩统计最终得分。

4. 人力资源部汇总并审核各部门综合考核结果。

5. 人力资源部负责将考核结果送达被考核者。

6. 被考核者根据考核结果决定是否提起考核申诉并反馈给人力资源部。

7. 人力资源部形成正式的季度考核结果并存档。

第三条 年度绩效考核

1. 年度绩效考核在次年的1月15日之前展开,人力资源部发放员工态度考核表到各部门。

2. 企业认定的考核者根据态度考核表中的考核指标项对所属考核对象进行评价。

3. 考核者按照对被考核者各项指标进行打分,并参照月度业绩考核与季度能力考核成绩统计最终得分。

续表

4.人力资源部汇总并审核各部门综合考核结果。

5.人力资源部负责将考核结果送达被考核者。

6.被考核者根据考核结果决定是否提起考核申诉并反馈给人力资源部。

7.人力资源部形成正式的年度考核结果并作为薪资等级调整的依据。

第五部分 绩效考核结果的运用

第一条 绩效薪资的发放

1.确定月（季）度绩效薪资，其公式为：

月（季）度绩效薪资＝月（季）度绩效薪资总额 ×［月（季）度绩效考核成绩/100］，其中月（季）度绩效薪资总额参照企业相关薪酬制度的规定。

2.确定年度绩效薪资。年度绩效薪资发放金额根据企业当年经济效益指标完成情况、各部门指标完成情况及总体绩效优良程度等，由企业总经理研究决定。

3.对于年度绩效考核成绩特别突出的员工，可在总经理特别奖中给予一次性奖励。

第二条 员工岗位薪资的调整

1.对于年度绩效考核成绩在90分以上的员工，其岗位薪资等级在本岗位薪资级别范围内自动上升一档。

2.对于连续两年年度绩效考核成绩在80分以上的员工，其岗位薪资等级在本岗位薪资级别范围内自动上升一档。

3.对于连续三年年度绩效考核成绩在70分以上的员工，其岗位薪资等级在本岗位薪资级别范围内自动上升一档。

4.对于年度绩效考核成绩在60分以下的员工，其岗位薪资等级在本岗位薪资级别范围内降低一档。

第三条 员工岗位调整

1.员工晋升。

2. 工作调动。

3. 辞退。

第六部分 绩效考核内容的修订

第一条 绩效考核内容修订形式

绩效考核内容修订为定期修订,一般为年度绩效考核结束后的两周内,若出现以下情况可以进行不定期修订,由人力资源部提请总经理通过。

1. 目前绩效考核体系已不能适应企业的发展,严重阻碍企业的正常经营活动。

2. 企业发生重大变更,必须改变绩效考核体系。

第二条 修订议案的提出

任何对绩效考核制度有疑问的员工都可以向人力资源部提出修订议案,提案发起人可以在议案修订期内提出书面修改报告,并报送人力资源部。

第三条 修订议案的处理

人力资源部统一对绩效考核修订议案的建议进行汇总,并形成人力资源部的绩效考核制度修订稿,送总经理通过。

第七部分 绩效考核结果的申诉

第一条 申诉时限

员工如果认为在绩效考核过程中受到不公正待遇,有权在考核结果送达3日内向人力资源部提起申诉,逾期视为默认考核结果。

第二条 申诉形式

员工提出绩效考核成绩申诉,需以书面报告的形式提出,人力资源部负责将相关资料记录备案,并将员工申诉报告送交人力资源部经理。

第三条 申诉处理

1. 人力资源部收到员工的申诉报告应在5日内与申诉人确认并审核报告的

内容，最后将处理意见送交人力资源部经理。

2.人力资源部经理会同申诉人所在部门经理对申诉报告进行评审，由人力资源部负责将评审结果通知申诉人。

3.如果申诉内容属实，由人力资源部负责组织重新对其进行绩效考核。

4.如果申诉人对评审结果不满意，可在评审结果送达 5 日内向人力资源部提起二次申诉，否则视为对评审结果的默认。

第八部分　附则

第一条　本制度由人力资源部负责解释、修订。

第二条　本制度自发布之日起执行。

相关说明					
编制人员		审核人员		批准人员	
编制日期		审核日期		批准日期	

6.4 互联网类企业的绩效考核设计

6.4.1 互联网企业员工绩效考核制度

方案名称	互联网企业员工绩效考核制度	受控状态	
		编　号	

第一条　考核目的

为了加强对互联网人员绩效考核工作的指导、监督与管理,保证绩效考核工作能顺利、有效地进行;提高员工队伍素质,优化人员结构,保持活力和竞争力,特制定本方案。

第二条　考核分类

互联网人员的绩效考核分为季度考核和年度考核两种。

1.季度考核

季度考核的主要内容是本季度的工作业绩和工作表现(工作表现主要体现在对企业文化的认同上),重点是工作业绩的考核。

2.年度考核

续表

年度考核的主要内容是本年度的工作业绩、工作表现（工作表现主要体现对企业文化的认同）和工作能力，重点是工作能力的考核。

第三条　考核小组成员

按照企业绩效考核制度的规定，设立绩效考核小组。小组基本成员为人力资源部经理、信息部经理、网络部经理、绩效主管及部门内部其他考核者等。其具体职责划分见下表。

考核小组成员职责划分

成员	具体职责
人力资源部	1. 负责对各部门进行绩效考核各项工作的培训与指导。 2. 负责对各部门绩效考核过程中述职、面谈、考核评定、审核调整、汇总等环节的监督与检查。 3. 负责协调、处理各级人员关于绩效考核工作的申诉。 4. 负责每季度对各部门考核工作情况进行通报。 5. 负责对考核过程中不规范行为进行纠正、指导与处罚。
部门经理	1. 负责本部门考核工作的整体组织及监督管理。 2. 负责检查、审核、调整本部门各级考核者的考核评分结果。 3. 负责处理本部门的关于绩效考核工作的申诉。 4. 负责对本部门考核工作中不规范行为进行纠正和处罚。
部门内部各级考核者	1. 负责帮助员工制定季度工作和考核标准。 2. 负责所属员工的绩效考核评分。 3. 负责所属员工的绩效面谈，并帮助员工制定改进建议。

续表

第四条 绩效考核工作主要流程

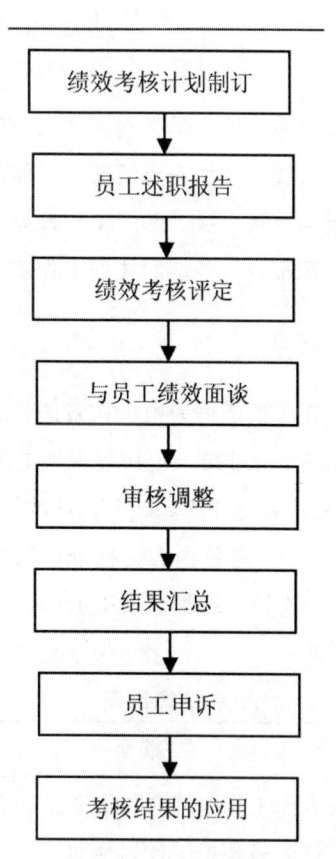

```
绩效考核计划制订
     ↓
   员工述职报告
     ↓
   绩效考核评定
     ↓
  与员工绩效面谈
     ↓
    审核调整
     ↓
    结果汇总
     ↓
    员工申诉
     ↓
  考核结果的应用
```

绩效考核工作流程图

第五条 绩效考核各

1. 绩效考核计划制订

（1）互联网人员每季度首月5日前，制定本岗位"季度计划/考核表"，同时递交上季度的"季度述职/考核表"，一起报直接上级。

（2）每财年第一季度首月20日前，根据部门年度规划和"岗位责任书"制订本岗位"年度工作计划书"。

续表

（3）直接上级对季度或年度主要工作任务、考核标准、权重、资源支持承诺及参与评价者等项内容进行审批，并在进行季度绩效面谈时，反馈审批后的"季度工作计划/考核表"。

2. 员工述职报告

每季度或自然年度结束后，所有员工对照"岗位责任书"和"季度或年度工作计划书"，先自我评价实际业绩完成情况、工作表现和能力等方面，将该季度或年度工作完成情况向直接上级、部门主管领导或季度、年度考核小组成员进行述职并提交书面述职报告。各部的述职工作要有计划，提前安排，保证质量。

3. 绩效考核评定

（1）绩效考核的主要考核依据为被考核者的"岗位责任书""季度或年度工作计划书"和该员工的实际业绩、工作表现和工作能力。

（2）直接上级在被考核者自评的基础上，对被考核者进行考核评分。

（3）在业绩考核项目中，考核内容、标准严格按"岗位责任书""季度或年度工作计划书"执行，考核等级如下表所示。

考核等级表

等级	定义	摘要	大概比例
A	优秀	1. 在各方面工作中都有非常突出的贡献。 2. 实际绩效显著超过计划预期。	30%
B	良好	1. 在主要工作中都有比较突出的成绩。 2. 实际绩效超过计划预期。	50%
C	称职	1. 在主要工作中有一定的贡献，无明显失误。 2. 实际绩效基本达到计划预期。	10%
D	基本称职	1. 在各项工作中都无突出表现，存在不足之处。 2. 实际绩效未达到计划预期，但差距很小。	7%

续表

E	不称职	1. 在各项工作中都无突出贡献。 2. 实际绩效距计划预期有较大差距。 3. 工作中有明显的不足和较大的失误。	3%

（4）部门各级人员的季度考核评定要求于下一季度首月 15 日前完成，并汇总到部门总经理处。

（5）年度考核评定要求于下一年度 2 月 25 日之前完成并汇总到年度考核小组处。

4. 绩效面谈

（1）直接上级领导需在考核过程的有效时间内组织与每一位被考核员工进行绩效面谈。绩效面谈主要为肯定成绩、指出不足并提出改进意见，帮助员工制定改进措施并反馈下季度"工作计划书/考核表"等。

（2）对考核结果为 C 以下（包括 C）的员工，必须在绩效面谈时如实通知其考核结果、说明原因及处理意见，对上述内容必须保留书面记录，并由员工本人签字确认。

（3）人力资源部对绩效面谈的执行情况不定期进行抽样检查，对没有按规定执行绩效面谈的部门或人员，视情况给予通报批评和考核成绩降级的处理。

5. 审核、调整

（1）季度及年度考核小组成员要根据部门整体工作、岗位职责完成情况，以及对所属员工的了解情况，对部门员工考核等级进行季度或年度审核，适当调整员工绩效考核等级。

（2）考核等级调整要在与被考核者直接领导充分交流后进行，审核调整应尊重直接上级的考核结果。

6. 考核结果汇总

（1）各部门对上一季度的绩效考核结果需于下一季度首月 20 日前汇总到人力资源部。

续表

（2）上一年度绩效考核结果需于下一年度3月1日之前汇总到人力资源部。

7. 申诉

被考核者如对考核工作有重大异议，可以向部门经理或人力资源部提出申诉。申诉必须在10个工作日内进行答复，考核结果存在问题的要及时纠正。

8. 考核结果的使用

（1）建立考核档案

人力资源部为每位员工建立考核档案，考核结果将作为奖金发放、评选先进、工薪调整、职务升降、岗位调整、员工福利、考核辞退等的重要依据。

（1）考核辞退

通过绩效考核，被证明难以胜任本岗位工作，经过在岗培训和调动岗位后仍难以胜任的，给予"考核辞退"处理；另如因企业无空缺岗位可供调配或者当事人不服从企业重新安排工作岗位的，也给予"考核辞退"处理，同时解除劳动合同；对符合以下条件者，给予"考核辞退"。

① 一个考核年度内，季度或年度绩效考核中有一次被评为E的。

② 一个考核年度内，连续二次季度考核被评为D或年度绩效考核被评为D的，又无适合的空缺岗位可调配或不服从企业重新安排工作岗位的。

③ 一个考核年度内，季度和年度绩效考核中有三次以上（含三次）被评为C级及以下，经在岗培训后仍不能符合岗位要求，又无其他适合岗位可调配或拒绝企业重新安排工作岗位的。

每个年度绩效考核结束后，要求各部门内部进行考核成绩排序，除上述三项产生"考核辞退"的条件外，对排序处于尾端的人员实行绩效考核的"尾端辞退"。

要求各部门整个年度（包括各季度）的考核辞退率（包括尾端辞退）不低于3%；若因特殊原因，部门整个年度的考核辞退率低于3%的，应

续表

报请主管该部门的副总经理审核批准，并在人力资源部备案。

第六条　解释、修订

本方案由人力资源部负责解释和组织修订。

相关说明					
编制人员		审核人员		批准人员	
编制日期		审核日期		批准日期	